Bienvenue au Pays basque en famille

D1721371

Depuis bientôt cinq ans, le guide «Le Nez en l'R» dégote des bons plans pour les enfants, partage ses envies de sorties avec les petits et donne plein d'idées aux parents comme aux vacanciers !

Il faut dire qu'avec son océan Atlantique, ses lacs et ses rivières, ses montagnes, ses charmants villages, ses traditions et ses fêtes, le Pays basque est un magnifique terrain de jeux pour toute la famille.

Plages, promenades, jeux, stages de surf ou de voile, balades à vélo ou à dos de poney, petites randonnées, rafting, parcours dans les arbres, fêtes toute l'année... il y a vraiment de quoi faire !

Pour profiter un maximum de ce merveilleux Pays basque en famille, suivez nos coups de coeur ♥ et nos visites préférées, rejoignez-nous sur le site www.lenezenlR.fr, sur Facebook et sur France Bleu Pays basque.

Très bons moments en famille,
Christine

LE NEZ EN L'R - 3e édition - JUIN 2014

Editions Le Nez en l'R - Siret : 751 167 925 00013 - Dépôt légal : 2e trimestre 2014 - ISBN : 978-2-9548377-0-3. **Textes** : Christine Vignau, Emeline Maraval pour les recettes. **Mise en page** : Christine Vignau - **Illustrations** : Romain Bouchereau - **Distribution** : Elkar - **Impression** : CEE - **Communication** : Ainoa Labéguerie. **Contact rédaction** : christine@lenezenlR.fr - **Contact communication** : ainoa@lenezenlR.fr

L'aventure continue grâce aux soutiens précieux de Jean-Baptiste, Geneviève, Philippe, Mathieu, Christophe, Carine, Mimi, Pierrot, Raphaël, Jules, Steph, Nelly, Karine, Emeline, Edith, Isabelle, Lulu, Katixa, Agnès, Aurélya, Dounia, Céline, Maxou, Delphine, Martine, Diana. Sans oublier le Comité Départemental du tourisme Béarn Pyrénées - Pays basque.

SOMMAIRE

Comment occuper ses enfants toute l'année en cinq chapitres ?

Le Pays basque, c'est génial ! - © T&C basques

Il est un coin de France
Où le bonheur fleurit
Où l'on connait d'avance
Les joies du paradis
Et quand on la chance
D'être de ce pays
On est comme en vacances
Durant toute sa vie !

(Luis Mariano)

plongez dans
le monde du silence

muséedela**mer**
aquarium
BIARRITZ

ouvert toute l'année | nocturnes en été | **museedelamer.com**

CHAPITRE 1 :
COMMENT VISITER
LES VILLES ET VILLAGES

avec des enfants **?**

L'escapade
en Béarn
p. 24

La recette
Sweety Papilles
p. 25

Nos villes préférées !

ANGLET

Une ville culture et nature, idéale pour les familles ! Le long des plages, de la Barre au VVF, les enfants adorent aller au skatepark, courir sur les grandes pelouses, s'amuser dans les différentes aires de jeux, faire des châteaux de sable, batifoler dans l'eau, lire et jouer avec l'opération *Lire à la plage*. Quelques rues plus loin, ce sont les forêts de Chiberta et du Pignada qui attirent les tribus, avec leurs sentiers à arpenter en poussette, à vélo, à roller ou à pied, les tables de pique-nique sous les pins et le parcours d'orientation. Côté culture, Anglet gâte le jeune public avec les nombreux ateliers à la bibliothèque, la riche programmation de la nouvelle salle Quintaou ♥ et les festivals jeune public.

Les Aventuriers du Pignada ♥

À l'aide d'une carte et d'une boussole, initiez-vous à l'orientation, trouvez les quatre balises cachées dans la forêt et déjouez les mystères le long des sentiers... Arriverez-vous à résoudre l'énigme ? Un moniteur diplômé d'état est là pour vous suivre et vous aider.

Office de tourisme, www.anglet-tourisme.com, tél. : 05 59 03 77 01. 6€ ou15€ par famille de six personnes.

3 SORTIES GRATUITES *(ou presque)*

▶ **Izadia** ♥, le parc écologique situé à la Barre. Accès gratuit et *kit du naturaliste* à demander à l'accueil. C'est un petit sac avec une loupe, des jumelles, une boussole et un guide pour observer les oiseaux et les plantes du site. Il y a aussi des animations famille organisées toute l'année. (www.izadia.fr)

Les Aventuriers du Pignada - © CV

▶ **L'aire de jeux et de roule de La Barre** ♥. Un lieu incontournable où se retrouvent les petits et moyens sur le cheval à ressort, dans les cabanes, sur les toboggans, nacelles, filets, plans d'escalade. Juste à côté, les skates et trottinettes font des figures, grimpent les modules et les rampes. Attention aux plus grands et n'oubliez pas les protections.

▶ **Le festival jeune public Les Jours heureux** à Pâques, au Domaine de Baroja (19 rue des Quatre-Cantons). Trois jours de spectacles, animations, concerts et jeux dans une ambiance festive et familiale pour un prix mini à la journée.

❧—→ **Bon plan :**
À la plage sans voiture !
L'été, les plages d'Anglet sont prises d'assaut et parfois, il est vraiment difficile de trouver une place. Et se garer loin, avec des enfants, sous la chaleur, avec tous les sacs à trimballer, si on peut éviter… Voilà deux bonnes idées gratuites et écolos !

▶ la navette des plages gratuite, Océane, sillonne Anglet en juillet et août, 7 jours sur 7, de 7h20 à 20h. On peut laisser sa voiture dans un parc relais gratuit (Minerva - Quintaou - Stella-Maris - Cinq Cantons) et rejoindre les plages Madrague, Corsaires et Sables d'Or.

▶ Des vélos sont prêtés gratuitement à toute la famille de juin à septembre. On fait un sac léger, on file à la Base navale (4 avenue de l'Adour, parcours totalement sécurisé, ouvert les week-ends de juin puis tous les jours l'été) ou à l'école Aristide Briand (rue Jean Moulin, ouvert tous les jours des vacances d'été) pour emprunter un vélo équipé d'un siège enfant, une remorque bébé ou un vélo pour les 8-12 ans. Départ à partir de 10h et retour avant 20h. Ps : se munir d'une pièce d'identité, antivol fourni mais pas de casque.

+ d'infos : www.anglet-tourisme.com, 05 59 03 77 01 ou 05 59 03 93 43

BAYONNE

Voilà une très jolie ville où il fait bon se promener toute l'année. On aime flâner, en famille, dans les rues du Petit et du Grand Bayonne, déguster du chocolat, du jambon, longer les quais de la Nive, traverser le jardin public et s'offrir une parenthèse dans les remparts de Vauban entre le joli jardin botanique en haut (allée des Tarrides, ouvert de mi-avril à la mi-octobre) et l'aire de jeux, en bas. Et bien sûr, on aime participer aux fêtes de Bayonne, fin juillet, pour s'amuser en blanc et rouge toute la journée !

Chasse au trésor
NOUVEAU Suivez le guide et répondez aux questions et énigmes à chaque étape, pour découvrir le patrimoine de la ville de façon amusante. Inscriptions à l'office de tourisme. Tarif : 5€ pour les enfants à partir de 7 ans et les adultes.

3 SORTIES GRATUITES (ou presque)

▶ **La plaine d'Ansot** ♥, un espace naturel protégé situé aux portes de Bayonne. Après le pont blanc qui enjambe la Nive, on peut pique-niquer, se promener sur les sentiers pédagogiques, aller au muséum d'histoire naturelle et à la maison des Barthes, voir une expo, participer à des activités familiales… (ansot.bayonne.fr)

▶ **Les événements jeune public** comme Les Journées de la Petite Enfance en février (une semaine d'ateliers, concerts, animations, débats et le Salon Môm'Expo à la Maison des associations et ailleurs) ou encore l'opération Ticket découverte pendant les vacances scolaires (activités sportives et culturelles).

▶ **Les remparts** ❤, les allées de la Poterne et des Tarrides. On peut se faire déposer et repartir en navette gratuite, jouer à l'aire de jeux, courir sur les espaces verts, attendre le triporteur des *Biscuits Voyageurs*, aller voir les fleurs et les poissons du jardin botanique, etc.

➣➣➤ **Bon plan :**
La navette gratuite ❤
Pour une promenade rigolote à travers les sites incontournables de la ville, empruntez gratuitement la navette électrique orange. Elle parcourt 2,7 km et s'arrête à tous les endroits les plus fréquentés des quartiers du Grand et du Petit Bayonne, traverse les jardins de la Poterne, passe devant le musée Basque, les commerces du vieux centre, les halles, la cathédrale, le Château-Vieux et franchit deux ponts sur la Nive ! Les navettes circulent toute l'année, 6 jours sur 7, de 7h30 à 19h30 avec une cadence de 6 à 8 minutes. Conseil : se garer au parking de Glain à 1€ la journée pour commencer le parcours.

+ d'infos : 0820 42 64 64, www.bayonne-tourisme.com

BIARRITZ

Dans cette ville élégante et raffinée, on passe un super moment en famille. On peut goûter aux bons produits du marché des Halles, profiter de la Grande Plage en plein centre-ville (pratique), aller taquiner les crabes à marée basse avec son épuisette, admirer la vue depuis la Côte des Basques, là où est né le surf, se promener autour du Lac Marion (des canards et plusieurs aires de jeux), profiter des activités et événements organisés par la Médiathèque (contes, ateliers numériques, concerts, expo…), Les amis du Parc Mazon, la Ludo64 et les Petits débrouillards (des expériences scientifiques rigolotes), etc.

Chasse au trésor
Un carnet de route et de mystérieux accessoires vous sont remis, place Bellevue, par Altxora. En 1h30-2h, au fil des indices, énigmes et anecdotes, l'histoire de la ville se dévoile… Récompenses chocolatées à

Sur les quais de Bayonne - © Bayonne Tourisme/P.Sequinard

chaque bonne réponse et surprise en fin de parcours. À faire en famille avec des enfants à partir de 8 ans.

Altxora : 06 58 05 96 43, www.altxora.com. Moins de 12 ans : 5€, adulte : 9€

Jeu de piste

Takamaka a mis en place un parcours ludique d'1h30 pour les 7-12 ans qui permet de découvrir la ville à travers différents jeux de lettres, dessins, charades, questions d'observation, etc. Munis d'une carte et du livret d'énigmes, les enfants vont revivre l'aventure de Tako et Maka, les pirates biarrots les plus redoutés de tout le Golfe de Gascogne. Pochette d'indices pour les parents et sachets d'autocollants pirates pour les enfants.

Takamaka, 11 avenue de la Marne, tél. : 05 59 24 11 84, www.takamaka.fr, 7€ le book.

3 SORTIES GRATUITES (ou presque)

▶ **À marée basse,** l'Océan laisse quelques piscines naturelles sur le sable ou autour des rochers ♥. C'est top pour sauter dedans, profiter de l'eau réchauffée, débusquer les crabes ou attraper les petits poissons avec une épuisette.

▶ **Les festivals** qui plaisent beaucoup au enfants : la chasse aux œufs dans les parcs à Pâques, le Festival des arts de la rue au printemps, les Océanes en juin, les feux d'artifice l'été, le Txiki Festival ♥, festival du film pour enfants en octobre, Biarritz en lumières en fin d'année…

▶ **Le Lac Marion** ♥, un grand espace vert aménagé autour d'un lac de cinq hectares, ouvert toute l'année. On y va pour la très grande aire de jeux divisée en quatre parties (selon l'âge), les balades autour du lac, les grandes pelouses, les 50 espèces d'oiseaux, les canards, le ragondin (cherchez-le !), la Journée des Enfants organisée en mai…

Bon plan :
La navette gratuite

▶▶▶ Empruntez la navette gratuite sur les parcours centre-ville et Saint Charles toute l'année et à la Côte des Basques d'avril à septembre.

+ d'infos : www.biarritz.fr

Biarritz à marée basse - © CV

11

ST-JEAN-DE-LUZ

Avec ses maisons typiques, sa magnifique baie au centre de la ville, son kiosque sur la place Louis XIV, ses rues pavées et ses bateaux de pêcheurs à quais, Saint-Jean-de-Luz est une ville très agréable à découvrir en tribu. Il y a aussi plusieurs petites boutiques sympas pour les enfants (le zèbre à paillettes ♥, la librairie du 5ème art, Arsène et les pipelettes) et des gourmandises à tous les coins de rue (mouchous et glaces artisanales). On aime aussi LuziParc, le parc de jeux couvert, la piscine Sport Loisirs, le Toro Piscine Labat en juillet et août (les vachettes d'Intervilles les mercredis et dimanches à 21h30 à Erromardie), le minigolf de Mayarko…

Chasse au trésor

Deborah ou Céline emmènent les 7 - 11 ans, sans les parents, dans une chasse au trésor à la découverte de la pêche, le mariage de Louis XIV, les corsaires…
Mercredis et vendredis des vacances scolaires, à 10h. Réservation à l'office de tourisme, tél. : 05 59 26 03 16, 6€.

3 SORTIES GRATUITES (ou presque)

▶ **Les événements qui plaisent aux enfants** : la démonstration de la patrouille de France, la bataille de confettis ♥ et le toro de fuego, une tradition luzienne depuis 1926 (mercredis et dimanches sur la place Louis XIV à 21h30 durant tout l'été).
▶ **La baie** : le sable fin, les clubs de plage et la traversée entre Saint-Jean-de-Luz, Ciboure et Socoa avec la navette maritime Le Passeur (de mai à septembre, 2,50€ le passage, 2€ pour les moins de 5 ans).
▶ **La promenade Alfred Pose** : Le long de la Nivelle, balade d'1,5 km, avec les bateaux de plaisance d'un côté et des aires de jeux de l'autre (du pont qui mène à Ciboure jusqu'à l'Avenue de Chantaco).

▶▶→ **Bon plan : La navette estivale gratuite**

Stationnez aux entrées de la ville et prenez la navette qui vous emmènera à trois minutes à pied du coeur de ville. Deux lignes : au départ du parking Chantaco et au départ du Parc des Sports.

+ d'infos : www.saint-jean-de-luz.com

MONTEZ A BORD !

À partir de 3€

BIARRITZ
Le petit train ♥
En 30 minutes, passez devant la Grande plage, le Rocher de la Vierge, le Port Vieux, la Côte des Basques… Balade rapide, commentée et sympa.
Départ de la Grande plage et Rocher de la Vierge toutes les 30 minutes, www.petit-train-biarritz.fr, tél. : 06 07 97 16 35. Fonctionne toute l'année, de 9h30 à 23h en juillet et août, de 10h à 19h en juin et septembre, de 14h30 à 18h hors saison. 3-12 ans : 4€, adulte : 5,50€

NOUVEAU **Tuk tuk**
Un moyen original et ludique pour découvrir Biarritz, à six personnes, en 30 minutes !
www.tuktuk-paysbasque.com, tél. : 06 61 81 16 69. Circuit Biarritz de 30 min à 30€ (quelque soit le nombre de personnes). Autres circuits sur demande. À réserver 24h à l'avance.

SAINT-JEAN-DE-LUZ
Le petit train Donibane
Il chemine pendant 30 minutes au coeur de la vieille ville en se faufilant dans les rues étroites bordées de maisons basques.
Tél. : 05 59 41 96 94, www.petit-train-saint-jean-de-luz.com. Fonctionne de 10h30 à 19h30 en juillet et août, de 10h30 à 12h30 et de 14h30 à 18h30 en basse saison, d'avril à octobre. Départ de la Place Mal Foch. Moins de 12 ans : 3€, adulte : 6€.

HENDAYE

C'est l'une des plus belles destinations famille de la côte basque ! ❤ ❤ On y va pour les 3 km de sable fin en pente douce, la longue plage sécurisée (petites vagues et peu de profondeur), les clubs de plage, le Boulevard de la mer d'un kilomètre à parcourir à pied ou à vélo. On y va aussi tout au long de l'année pour visiter le drôle de château-Observatoire Abbadia (y'a des éléphants, des singes et des crocodiles sur la façade, des tours comme celles d'un château fort, un jeu de piste), et participer aux festivals et animations jeune public (Semaines des Enfants, Hendaye fête le printemps, spectacles et expositions de l'espace culturel et artistique Mendi Zolan…). L'été, l'office de tourisme offre aux familles le livret "petites canailles" rempli de jeux et conseils.

Chasse au trésor

À l'aide d'une boussole et d'un stylo, les 7-12 ans découvrent la ville et aident Balea à résoudre des charades, énigmes et mots mêlés. Deux parcours disponibles.

Hendaye Tourisme, www.hendaye-tourisme.fr, tél. : 05 59 20 00 34, 7€. Compter environ 2h.

3 SORTIES GRATUITES *(ou presque)*

▶ **Les Semaines des enfants** ❤ À l'occasion des vacances scolaires de printemps et d'automne, Hendaye Tourisme organise des animations gratuites pour les enfants : spectacles, ateliers créatifs, stages de chant, contes, initiations sportives, etc., il suffit de s'inscrire

+ d'infos : www.hendaye-semaine-des-enfants.com

▶ **L'aire de jeux Belcénia**, sur le Boulevard de la Baie de Txingudi, avec son parcours bi-cross, son nouveau bol de skateboard, sa grande structure avec des toboggans et ses balançoires, face aux petits bateaux de la baie.

▶ **Prendre la navette maritime** ❤ au port de Sokoburu, c'est original, génial et pas cher. Pour 3,60€ aller-retour, on se prend pour un marin, on voit de plus près les yachts, on dit *Oooh, c'est beau* et on débarque huit minutes plus tard en Espagne ! *Voir page 22.*

⇒⇒ **Bon plan :**
La navette gratuite Uribil offre un transport régulier gratuit sur Hendaye.

+ d'infos : www.hendaye-tourisme.fr

L'aire de jeux Belcénia - © Hendaye Tourisme

Les petites villes et villages qu'on aime aussi !

...Pourquoi ?

AINHOA ♥
Pour son charme, sa rue unique, sa place, ses maisons labourdines blanche et rouge, sa maison aux bananiers, son fronton...

ARCANGUES
Pour son sentier pédestre *Oihana* de 4 km à travers les sous-bois, sa vue sur les petits lacs et les montagnes, son marché de Noël très convivial.

ASCAIN
Pour son golf miniature en plein centre, la piscine d'été, le skatepark au complexe sportif Kiroleta, la balade au fil de l'eau en canoë (Aquabalade, tél. : 06 62 58 09 97), la randonnée de 7 km avec un guide (à partir de 6 ans, tél. 05 59 54 00 84, tarif : 5 ou 10€).

PAYS DE BIDACHE
À Bardos, pour la butte de Miremont (panorama à 360°, tables de pique-nique et aire de jeux) et l'exposition permanente des crèches du monde à l'entrée de l'église. À Bidache, pour le château et le parcours qui va jusqu'au château de Guiche. À Sames, pour le lac aménagé (plage, Aquazone, pêche en famille).

BIDART
Pour la longue aire de jeux près de la mairie, la plage d'Ilbaritz, le moulin de Bassilour (un vrai moulin qui fonctionne) et le parc de jeux Bid'aparc.

CAMBO ♥
Pour la Villa Arnaga (magnifique maison du poète Edmond Rostand, superbe jardin, visites ludiques pour les enfants), pour la calèche enchantée, les Thermes (jardins fleuris, promenade le long de la Nive)

ESPELETTE ♥
Pour les piments qui sèchent sur les façades des maisons, le *circuit des familles* de 6 km, le centre-ville totalement piéton

Les façades typiques d'Espelette - © I.Palé

l'été, le parcours en questions dans le champ de piments de l'Atelier du piment, la promenade en âne de bât d'Astoklok, la visite gratuite de la chocolaterie Antton.

GUÉTHARY

Pour une jolie balade à pied dans ce village : la colline de Cenitz, les criques secrètes, la terrasse... ♥

LA BASTIDE-CLAIRENCE

Pour les ruelles bordées des belles maisons blanche et rouge, les artisans d'art et les ânes de l'asinerie de Pierretoun (à louer pour une petite randonnée).

SAINT-PÉE-SUR-NIVELLE

Pour toutes les activités que l'on peut faire autour et dans le lac : pique-nique, jeux, baignade, toboggan, pédalos... voir p36

SARE

Pour le parc animalier Etxola ♥ (des centaines d'animaux le long d'un parcours ombragé et des poneys à louer), la miellerie Hemengo Eztia de Janine Harismendy (superbe jardin et des jeux pour expliquer l'apiculture aux enfants, chemin Olanda), la rando en sous-bois depuis les grottes de Sare jusqu'aux grottes de Zugarramurdi ♥ (suivez le pottok bleu!), l'initiation pêche en famille (Baskpêche, tél. : 06 15 04 17 42)

URRUGNE ♥

Pour les quatre nouveautés qui plaisent aux familles : les deux parcs d'aventure (Ibardin Aventures et Wow-Park), la chasse au trésor ("la pochette aux indices" est à récupérer à l'office de tourisme, 2€, tél. : 05 59 54 60 80) et le très sympathique Salon de thé Martxuka (ateliers pour enfants, créateurs locaux).

USTARITZ ♥

Pour le chemin de halage qui part du quartier de la Guadeloupe (à côté des nouveaux terrains de foot) et qui va jusqu'au centre de Bayonne en longeant la Nive (10 km presque plat et très agréable), pour la piscine Landagoyen (espace ludique le samedi matin).

Toutes les coordonnées des offices de tourisme page 19.

MONTEZ A BORD !

À partir de 2,50€

CAMBO-LES-BAINS
La calèche enchantée

Grimpez à bord de la calèche tirée par les chevaux Quinette, Lothar, Valencia et Tsarina, pour une balade panoramique de 30 min (moins de 10 ans : 5€, adultes : 7€), une promenade aux jardins de la Villa Arnaga de 45 min (moins de 10 ans : 7€, adultes : 10€) ou au bois joli (moins de 10 ans : 8€, adultes : 12€) ou un tour dans le Bas Cambo (moins de 10 ans : 10€, adultes : 15€). Possibilité d'excursions à la demi-journée sur demande.

Circule en saison, départ du parc St Joseph au centre-ville, de 10h à 19h. Tél. : 06 67 17 68 64, www.lacaleche.net.

ST-JEAN-PIED-DE-PORT
Le petit train

En 45 minutes, le circuit passe par la maison dite *Mansart*, la Nive, les murailles, le pont romain et les habitations navarraises. Du haut de la citadelle, on surplombe la cité, les vignes d'Irouléguy et les Pyrénées.

Départ devant la mairie d'avril à octobre.
7-12 ans : 2,50€, adultes : 5,50€.

Des vistes gourmandes

Gratuit

▶ BAYONNE
Loreztia Boutik'Expo

Dans cette boutique dédiée au miel, Maryse Elissalde a pensé aux enfants : il y a un espace pour eux, un plan géant de l'abeille, des vraies ruches, des explications sur le métier d'apiculteur, des peluches, un tapis d'éveil et des tables de dégustation de confitures et de miels.

52 quai des Corsaires (à côté du musée basque), tél : 05 59 59 55 37, www.loreztia-miel.com

▶ BIDART
Moulin de Bassilour

Dans ce vieux moulin de 1741, on fabrique des gâteaux basques, des sablés, des miches et des pains. Cadre sympa, grand domaine et moulin en marche !

Quartier Bassilour, tél : 05 59 41 94 49

▶ ESPELETTE
Atelier du piment ♥

À côté de la boutique, il y a un labyrinthe grandeur nature où un jeu vous permet de comprendre la culture du piment. Gaxux vous accueille puis Gaëlle ou Ramuntxo vous font déguster de surprenantes gelées, confitures, chocolats et charcuteries à base de piment. Nouveau : des cours de cuisine !

Chemin de l'Eglise, tél : 05 59 93 90 21. Ouvert de 9h à 19h. www.atelier-du-piment-espelette.fr

▶ URRUGNE
La Maison Pariès

À Socoa, la Maison Pariès ouvre son atelier de production aux curieux. Le matin, venez voir les travailleurs confectionner les chocolats, macarons, mouchous et kanougats. Visite de 20 minutes et dégustation.

Route de la corniche, ZA de Putillenéa, Socoa, tél. : 05 59 22 06 00. Visite de l'atelier du mardi au samedi de 9h30 à 11h (12h30 en été). Tarif : 3€ pour les 5-14 ans et 5€ pour les adultes. Départ toutes les 30 minutes. www.paries.fr

Moins de 5€

▶ CAMBO-LES-BAINS
Ferme Harizkazuia ♥

À la Maison du miel et de l'abeille, vous découvrirez le monde des abeilles et le travail de l'apiculteur grâce à des animations très sympas (films, théâtre d'ombre, jeux de société). Profitez des *mercredis à la miellerie* en famille, pendant les vacances de printemps, été et automne (à 15h pour les plus de 9 ans, à 17h pour les 3-8 ans).

Chemin d'Harizkazuia, www.harizkazuia.fr, tél. : 06 63 79 43 54. Tarif : 5€ par enfant. Sur réservation. En fonction de l'activité des abeilles, les animations peuvent être annulées ou différées.

Cueillette de myrtilles

Au Domaine Xixtaberri, vous pouvez cueillir vous même les baies, le matin, de juin à mi-août, sans réservation. Vous ne payerez que 4,30€ environ le kilo de myrtilles ramassé et ce sera l'occasion d'une balade originale en famille.

Route d'Hasparren, chemin de Macaye, www.myrtilles-cambo.fr, tél. : 07 77 77 10 52.

▶ SARE
Hemengo Eztia, miel de Sare ♥

Janine Harismendy, apicultrice accueillante et passionnée, vous reçoit dans son beau domaine face à la montagne, et explique à toute la famille comment les abeilles construisent les alvéoles et transforment le nectar en miel. Chapeaux, voilettes, enfumoir, fabrication d'une bougie à la cire, jeux pour les enfants… la visite est animée.

Chemin Olanda, tél. : 05 59 47 53 22. Ouvert de juin à septembre, mardi et jeudi de 10h30 à 12h. Tarif : 5 ou 7€.

Moins de 10€

▶ SARE
Le musée du gâteau basque

Au cours de la visite-découverte du musée, le guide pâtissier confectionne devant vous un gâteau basque, vous révèle ses trucs et astuces et vous fait goûter chaque étape de la fabrication. Des ateliers permettent aux familles de confectionner eux-mêmes leur gâteau.

Maison Haranea, quartier Lehenbiscay, tél. : 05 59 54 22 09, www.legateaubasque.com. Ouvert d'avril à octobre. Visite-découverte à heure fixe, selon la saison. Enfants 4-12 ans : 5,60€, adultes : 7,50€.

Gratuit

▶ ESPELETTE
Chocolaterie Antton

Une visite sympa pour les enfants avec des grands panneaux, les explications du guide et un laboratoire de fabrication décoré comme une cuisine basque. On découvre comment les chocolatiers préparent les moulages, les ganaches et la pâte à tartiner… et on déguste !

Tél. : 05 59 93 88 72, www.chocolats-antton.com. Ouvert tous les jours de 10h à 13h et de 14h à 19h30. En juillet et août, visite toutes les 30 min. et journée continue de 9h30 à 20h. Fermé en janvier.

Moins de 5€

▶ BAYONNE
L'atelier du chocolat ♥

Au Parcours-découverte, partez à la conquête de la forêt tropicale sur les traces de l'histoire du chocolat ! En famille, allez-y le matin, vous verrez les chocolatiers réaliser sous vos yeux les spécialités de la maison. Les enfants peuvent aussi visionner le film, se prendre en photo en tenue de maître chocolatier (la toque est offerte) et peindre un poisson en chocolat en fin de visite ! Compter 1h-1h30.

7 allée de Gibeléou, ZA Sainte Croix, tél. : 05 59 55 70 23, www.atelierduchocolat.fr. Ouvert du lundi au samedi de 9h à 12h30 et de 14h à 18h, en juillet et août journée continue jusqu'à 18h30, dernière visite 1h30 avant la fermeture. Enfant 4-12 ans : 2,90€, adultes : 5,80€.

Les visites gourmandes

Bayonne est la capitale du chocolat et ça se voit… enfin, ça se goûte plutôt ! En mai, lors du week-end de l'Ascension, il y a les *Journées du chocolat* avec des animations dans la rue, des démonstrations, des dégustations (www.bayonne-commerces.com). Et toute l'année, l'office de tourisme organise une visite pour découvrir les lieux qui ont marqué l'histoire chocolatière de la ville (4€ jusqu'à 12 ans, 10€ pour les adultes. www.bayonne-tourisme.fr).

▶ BIARRITZ
Planète musée du chocolat

Le voyage commence par une dégustation, continue par un film et une balade entre les boîtes, moules, machines et sculptures et se termine par un chocolat chaud préparé à l'ancienne. La visite du laboratoire de fabrication est possible uniquement du lundi au vendredi de 10h à 12h. Pendant les vacances, des ateliers thématiques pour les plus de 5 ans sont organisés (à partir de 6€, entrée du musée non comprise) : décoration de masques, d'œufs, de cartes postales ou de bonhommes de neige en chocolat.

14 av. Beaurivage, www.planetemuseeduchocolat.com, tél. : 05 59 23 27 72. Ouvert du lundi au samedi, de 10h à 12h30 et de 14h à 18h30 (et les dimanches des vacances). En juillet et août, ouvert tous les jours de 10h à 19h. Gratuit pour les moins de 4 ans, 5€ jusqu'à 25 ans, 6,50€ pour les adultes.

▶ CAMBO-LES-BAINS
Chocolaterie-musée Puyodebat

Plongez dans un univers de délices *tout chocolat* au milieu des fèves, des affiches et des boîtes anciennes, en suivant un jeu de piste. La visite dure 1h, démarre par un film et se termine par une dégustation de craquinettes, caramélines, rochers...

(NOUVEAU) L'Ikas-chocolat est une école du chocolat. Sur réservation, les 6-15 ans participent à un cours d'1h30 de confection de chocolats ! (18€). Les enfants peuvent aussi fêter leur anniversaire ici :

visite guidée, atelier de fabrication de chocolats et gâteau (25€ par enfant).

Av. de Navarre, www.chocolats-puyodebat.com, tél. : 05 59 59 48 42. Musée ouvert du lundi au samedi de 9h45 à 11h30 et de 14h15 à 17h45 (fermé le lundi d'octobre à mars). Boutique ouverte du lundi au samedi de 9h30 à 12h30 et de 14h à 19h. Gratuit pour les moins de 10 ans, 2,50€ pour les 10-18 ans, 5€ pour les adultes.

Bonne idée :

♥ On aime bien la pâte à tartiner au chocolat et aux noisettes, mais sans huile de palme car c'est meilleur pour la santé des enfants ! N'hésitez pas à goûter la Opila de la chocolaterie Antton, la pâte à tartiner bio de la chocolaterie Laia à Baigorri ou encore la pâte à tartiner chocolat lait de Puyodebat.

Bonne idée :

♥ Un goûter d'anniversaire ? Valérie Petit propose des ateliers "peinture sur chocolat" chez vous !

(tarif : 10€ par personne, tél. : 06 64 26 02 21)

Peinture sur chocolat à l'Atelier du chocolat de Bayonne, huuum - © MFB

**Allo ?
C'est pour
une info !**

COMITÉ
DÉPARTEMENTAL
DU TOURISME
Un maximum d'infos sur le
Pays basque et le Béarn sur
www.paysbasque-tourisme.com et
www.bearnpyrenees-tourisme.com

OFFICES DE TOURISME
► **Anglet** :
Les Cinq Cantons (1 av. de
la Chambre d'Amour, tél. : 05
59 03 77 01) et La Chambre
d'Amour (plage des Sables
d'Or, avenue des Dauphins,
www.anglet-tourisme.com,
tél. : 05 59 03 93 43)

► **Arcangues** : le Bourg,
tél. : 05 59 43 08 55
www.arcangues.fr

► **Ascain** : rue San Ignacio, tél. : 05 59 54 00 84,
www.ascain-tourisme.fr

► **Bayonne** :
Place des Basques,
tél. : 0820 42 64 64,
www.bayonne-tourisme.com

► **Biarritz** : 1 square
Ixelles, tél. : 05 59 22 37 10,
www.biarritz.fr

► **Bidache** : 1 place du
foirail, tél. : 05 59 56 03 49,
www.tourisme-pays-de-
bidache.com

► **Bidart** : rue Errétéguia,
tél. : 05 59 54 93 85,
www.bidarttourisme.com

► **Cambo-les-Bains** :
3 avenue de la Mairie,
tél. : 05 59 29 70 25,
www.cambolesbains.com

► **Ciboure** :
27 quai Maurice Ravel,
tél. : 05 59 47 64 56,
www.ciboure.fr

► **Espelette** : Château
des Barons d'Espelette,
tél. : 05 59 93 95 02,
www.espelette.fr

► **Guéthary** : 74 rue
Comte de Swiecinski,
tél. : 05 59 26 56 60,
www.guethary-tourisme.com

► **Hasparren** : 2 place St
Jean, tél. : 05 59 29 62 02,
www.hasparren-tourisme.fr

► **Hendaye** :
67 Boulevard de la Mer,
tél. : 05 59 20 00 34,
www.hendaye-tourisme.fr

► **La Bastide-Clai-
rence** : Place des Arceaux,
tél. : 05 59 29 65 05,
www.labastideclairence.com

► **Mauléon** et environs :
10 rue J.B Heugas,
tél. : 05 59 28 02 37,
www.soule-xiberoa.fr

► **Saint-Etienne-de-
Baïgorry** : Maison Elizon-
donea, tél. : 05 59 37 47 28,
www.pyrenees-basques.com

► **Saint-Jean-de-Luz** :
20 Boulevard Victor Hugo,
tél. : 05 59 26 03 16,
www.saint-jean-de-luz.com

► **St-Jean-Pied-de-
Port** : 14 place Charles de
Gaulle, tél. : 05 59 37 03 57,
www.pyrenees-basques.com

► **Saint-Palais** :
14 place Charles de Gaulle,
tél. : 05 59 65 71 78,
montagne-paysbasque.com

► **Saint-Pée-sur-Ni-
velle** : Rue Karrika,
tél. : 05 59 54 11 69,
saint-pee-sur-nivelle.com

► **Sare** : Place du village,
tél. : 05 59 54 20 14,
www.sare.fr

► **Urrugne** : place René
Soubelet, tél. : 05 59 54 60 80,
www.urrugne.com

► **Terre&côte basques**
terreetcotebasques.com

Des visites avec des animaux

Moins de 5€

► **ITXASSOU**
La forêt des lapins
Une balade sous les arbres dans un joli cadre près des montagnes où les plus petits admirent les lapins dans leurs cages.
Entre Itxassou et Louhossoa, tél. : 05 59 93 30 09. Ouvert toute l'année, de 14h à 17h30 en basse saison et de 10h15 à 18h30 de juin à septembre. Enfants 2-4 ans : 1 €, 5-10 ans : 4€, adultes : 7€.

► **SARE**
Parc animalier Etxola ♥
D'avril à octobre, flânez le long du parcours ombragé à la rencontre des nombreux animaux domestiques. Il y a des chèvres de toutes sortes, des poules aux noms curieux (nègre soie, émeraude, batam de Pékin, cou nu...) des pigeons (pigeon coquille, tête de moine, frisé, queue de paon...) mais aussi d'étonnants animaux domestiques exotiques comme le buffle, le lama, les dromadaires Gaxuxa et Belinda ou encore un boeuf de Watussi (ses cornes mesurent 2 mètres !). Les enfants peuvent aussi faire une promenade à dos de poney, pottok et mule, tenus à la corde par les parents (mercredi, samedi, dimanche et tous les jours pendant les vacances scolaires, circuits de 15 mn, 30 mn ou 1h, dans la montagne, tarif : 4, 7 ou 12€ selon la durée). Vous pouvez pique-niquer à côté du ruisseau en face de l'entrée, à la

Au parc animalier Etxola de Sare - © CV

20

fraîcheur. Et n'oubliez pas les morceaux de pain dur pour les animaux !
Col de Lizarrieta, www.etxola-parc-animalier.com, tél. : 06 15 06 89 51. Ouvert tous les jours de 10h à 18h d'avril à juin, de 10h à 19h en juillet et août et de 10h à 17h en septembre et octobre. Tarif : 4€ pour les 4-12 ans, 5€ pour les adultes.

Moins de 10€

▶ BIARRITZ
Musée de la mer Aquarium ♥
Pour admirer des requins-marteaux et des poissons aux couleurs originales et aux formes improbables, mais aussi frôler une anémone, caresser une étoile de mer et assister au repas des phoques, c'est au musée de la mer qu'il faut aller ! Plus d'infos page 78.
Esplanade du rocher de la vierge, tél. : 05 59 22 75 40. Ouvert toute l'année. Nocturnes en été. Horaires et tarifs sur www.museedelamer.com. Possibilité de billet combiné avec la Cité de l'océan.

▶ BIDART
Bid'A Parc ♥
Ce parc d'attractions est aussi un petit parc animalier avec des animaux de basse-cour et de ferme. On peut donner le biberon aux bébés (en fonction des naissances) et se balader à dos de poneys l'après-midi. Côté attractions ? de nombreux manèges et carrousels à faire et à refaire à l'infini, des structures gonflables, des petits bateaux-pédalos qu'il faut faire avancer avec les mains, un mur d'escalade, des trampolines, un petit terrain de foot, etc.
En face de la plage de l'Uhabia, sur la Nationale 10, tél. : 05 59 22 15 66, www.bidaparc.com. Ouvert d'avril à novembre les mercredi, samedi, dimanche, jours fériés et vacances scolaires de 10h30 à 19h en haute saison, autres horaires selon la saison. Enfants 2-16 ans : 9 ou 10€, adultes : 7 ou 8€. À partir de 17h, l'entrée est aussi valable le lendemain. Balade à poneys : 2€.

▶ LABENNE (Sud des Landes)
La pinède des singes
Dans ce parc unique, vous rencontrerez une centaine de macaques de Java en liberté. Promenez-vous dans cette forêt landaise (petite balade ombragée agréable quand il fait très chaud) et regardez les singes faire des acrobaties et des câlins aux bébés, fouiller les sacs et défaire les lacets ! Attention, les singes peuvent être agressifs, il ne faut pas les toucher. Mais il y a aussi un enclos avec des poules et des chèvres que l'on peut caresser.
Nationale 10, route du lac d'Yrieux, tél. : 05 59 45 43 66, www.pinede-des-singes.com. Ouvert tous les jours de juin à septembre de 11h à 18h (à partir de 14h le lundi, mardi, jeudi et vendredi en basse saison). Enfants 2-12 ans : 6,50€, adultes : 9,50€.

Le Reptilarium
Plus de 150 reptiles vivants provenant des cinq continents vous attendent : boas, pythons, lézards, crocodiles, caïmans, tortues, iguanes, anacondas, alligators, etc. La visite est assez courte, à réserver aux petits passionnés.
16 avenue Charles de Gaulle, www.reptilarium.fr, tél. : 05 59 45 67 09. Ouvert tous les jours de 10h à 12h et de 14h à 18h30. Enfant 3-12 ans : 7€, adulte : 9€.

Zoo de Labenne ♥
Un parc familial de 5 ha dans un joli cadre ombragé où vous verrez des zèbres, wallabies, servals, perroquets (un couple de calao trompette vient d'arriver), lémuriens, paons en liberté et des naissances toute l'année (un bébé wallaby et trois petits hiboux grand-duc d'Europe au printemps 2014). Il y a aussi une mini-ferme où les enfants peuvent nourrir les chèvres naines, des tables de pique-nique sous les arbres et une aire de jeux.
Avenue de l'océan, www.zoo-labenne.com, tél. : 05 59 45 43 93. Ouvert tous les jours de février à novembre. Enfant 3-11 ans : 7€, adulte : 9,50€.

Et si on faisait un tour en Espagne ?

Ce qui est génial ici, c'est que l'on a un grand frère de l'autre côté de la frontière. Le Pays basque espagnol compte quatre provinces (il y a en trois du côté français) et une virée en famille *derrière les Pyrénées* est toujours amusante et dépaysante. Une journée suffit pour se sentir en vacances, loin de chez soi ! **Deux idées de mini-vacances à Fontarrabie et Saint-Sébastien.**

À Fontarrabie ♥

On aime :

► la navette maritime qui rejoint Hendaye à Fontarrabie. Après un chouette moment sur la plage de sable blanc d'Hendaye, on file au port de plaisance de Sokoburu et on monte dans un petit bateau (Jolaski ou Marie-louise). La traversée sur les eaux de l'estuaire de la Bidassoa dure 8 minutes et offre des vues magnifiques sur la baie de Txingudi, Hendaye, Irun et Fontarrabie. Fonctionne toute l'année de 10h à 19h et jusqu'à 1h du matin l'été, départ toutes les 30 min et toutes les 15 min l'été. Tarif : 1,80 € le trajet.

► se balader dans le quartier des pêcheurs où l'ambiance est familiale, où l'on déguste des pintxos, on joue dans les ruelles piétonnes, on prend l'escalator pour avoir une vue d'en haut, on mange une glace, on flâne, on entend d'autres sonorités.

► le vieux quartier historique : les ruelles pavées et le Parador, un *vrai* château-fort du Moyen-Age avec de grands étendards et des hauts murs de pierre (le café à l'intérieur est ouvert à tous pour une pause chocolat à petit prix).

► Le quartier du port avec ses restaurants récents alignés face aux bateaux et voiliers, son aire de jeux et son skatepark.

À Saint-Sebastien ♥

On aime :

► venir à *San-Sé* avec le topo depuis la gare d'Hendaye parce que *le train, c'est toujours l'aventure.*

► se balader sur la Concha, l'une des plus belles baies du monde, et au parc écologique Cristina Enea, avec ses larges allées, ses jeux pour enfants et ses paons.

► aller au Monte Igueldo. Grimper en funiculaire (original) jusqu'au charmant et désuet parc d'attractions. La vue est sublime et les activités nombreuses (donjon à visiter, petite montagne suisse, rivière, tour de poney, toboggans, labyrinthe...). Ouvert toute l'année, www.monteigueldo.es/fr, attractions entre 1 et 2,50€ (un peu cher au final)

► aller au Eureka ! Le musée de la Science. C'est un musée interactif avec un tas d'expériences à faire pour comprendre les planètes, l'énergie, la terre, la lumière et un très grand planétarium (séances en français). Mikeletegi Pasealekua 43, www.eurekamuseoa.es, ouvert toute l'année, tarif pour le musée et le planétarium : 9 ou 11€.

► aller à l'Aquarium. Sur le mont Urgull, admirez les requins, tortues, raies et des centaines d'autres espèces marines à travers un tunnel transparent ! Plaza Karlos Biaso de Imaz, www.aquariumss.com, ouvert toute l'année, tarif : entre 6,50 et 13€.

Des dodos pas comme les autres !

Envie de passer une nuit insolite au Pays basque ou en Béarn ? C'est possible ! Compter entre 100 et 190€ l'expérience.

▶ Perché dans un arbre !

NOUVEAU À Cambo-les-bains, l'arbre aux oiseaux, sculpture en acier de 12 m de hauteur, réunit deux cabanes, un perchoir et un spa abrité au sol.
Les Nids d'Hôtes, avenue du Professeur Grancher, tél. : 05 59 93 67 20, www.lesnidsdhotes.com

NOUVEAU Près de Pau, la cabane de Domengé est perchée à 6 m. Au programme : dîner régional sorti du panier gourmand et détente dans les vapeurs du spa intégré dans la terrasse couverte.
À Fichous-Riuymayou, www.lacabanededomenge.com, tél. : 06 11 52 75 23

En Béarn des Gaves, près de Navarrenx, dans un parc isolé au cœur d'une campagne, une cabane trône sur son chêne…
Le moulin de Susmiou, 7 chemin des Tuileries à Susmiou, tél. : 05 59 66 04 39, www.cabane-perchee-64.com

Pour avoir vraiment l'impression d'être un oiseau, les nids du Béarn sont des sortes de sphères perchées à différentes hauteurs dans un parc de dix hectares.
1716 chemin de Hourcloum à Loubieng, tél. : 05 64 11 02 26, www.lesnidsdubearn.com

▶ Un week-end en roulotte

La jolie roulotte Haü de Vicq est installée près d'Orthez, sur les côteaux, face aux Pyrénées. Les enfants adorent la piscine, le poney en premier voisin et les pelouses.
325 chemin de Seigne à Saint-Girons, tél. : 05 59 67 91 55, www.tourisme-bearn-gaves.com

▶ Escapade en combi Volkswagen

Louez un combi Volkswagen à la mode des années 70 mais aménagé avec tout le confort actuel grâce à "Ici, là bas et partout". Location au week-end ou à la semaine. Tél. : 06 77 66 05 76, www.location-combi64.fr

Des vacances en combi ! - © Guillaume Langla

Escapade en Béarn-Pyrénées

Le petit train d'Artouste ♥
Voilà plus de 80 ans qu'en vallée d'Ossau, le train le plus haut d'Europe (2 000m) circule à flanc de montagne. C'est sensationnel ! Sur huit kilomètres, le train longe la falaise et permet de découvrir des panoramas grandioses, une flore superbe, des animaux (brebis, isards, marmottes, vautours et aigles) et, à l'arrivée, le magnifique Pic du Midi d'Ossau et le lac d'Artouste. www.train-artouste.com, tél. : 0 820 201 740

Visiter Pau
De nombreuses formules sont proposées pour découvrir en famille cette belle ville, son quartier historique autour du Château d'Henri IV, le boulevard des Pyrénées, les jardins, le Parc Beaumont :

▶ **NOUVEAU** Équipés d'un guide, les 4-12 ans suivent les traces de l'inspecteur Rando, dessinent et répondent à des énigmes pour percer les secrets de la cité royale (3€ en vente d'avril à septembre à Pau Pyrénées tourisme).

▶ La balade commentée de 35 minutes en petit train touristique (tous les jours d'avril à septembre, départ face au Château, tarif : 3 à 6€, tél. : 06 72 64 02 62).

▶ La visite en calèche du Boulevard des Pyrénées, des jardins du château d'Henri IV, du Palais Beaumont et des haras de Gelos, pendant les vacances (www.pau-pyrenees.com).

Encore des châteaux !
Petits chevaliers, découvrez les châteaux du Béarn ! Celui de Pau a un parcours spécial pour les enfants pendant les vacances (www.musee-chateau-pau.fr), celui de Morlanne est au cœur d'un superbe village, celui de

Laas possède de beaux jardins et celui de Montaner, construit par Gaston Fébus, offre un livret ludique et un panorama à 360° du haut de sa tour. À quoi ressemblait la vie au Moyen-Age ? Début juillet, les Médiévales de Montaner vous donnent rendez-vous avec l'Histoire, la chevalerie, le fantastique, la poésie et les cracheurs de feu pour trois jours de fête et de spectacle en continu. www.tourisme-vic-montaner.com, tél. : 05 59 81 98 29

Des visites insolites
▶ Découvrez Navarrenx, Orthez, Salies-de-Béarn et Sauveterre de Béarn avec un jeu de piste (énigmes, sudokus, charades) agrémenté de pauses gourmandes. (3€, www.tourisme-bearn-gaves.com)

▶ Une enquête du FBI - Force Béarnaise d'Investigation - attend les enfants pour découvrir les bastides de Nay et de Lestelle-Bétharram de façon amusante. Qui a volé les bérets à Nay, et les chapelets à Lestelle-Bétharram ? Les policiers en herbe ont quelques heures pour résoudre l'énigme. (www.tourisme-bearn-paysdenay.com)

▶ Une originale balade chantée est proposée à Laruns par l'artiste musicien larunsois Jean-Luc Mongaugé. L'été, il dépose quelques instruments de musique le long des sentiers et vous invite à le suivre, de mélodies en anecdotes. (www.carnets-ossau.com)

Mes amis les animaux ♥
▶ Parc'Ours, l'espace animalier de Borce, en vallée d'Aspe, réunit des animaux (ours bruns, sangliers, bouquetins, isards, ânes), des parcours thématiques (botanique, empreintes, oiseaux, 5 sens, mimétisme, petites bêtes) et une boutique éthique. (tél. : 05 59 34 89 33, www.parc-ours.fr).

▶ Le Zoo d'Asson est un superbe parc animalier, jardin exotique et conservatoire d'espèces menacées, qui fête ses 50 ans en 2014. Ne manquez pas Nosy Bé, la volière exotique et l'Outback australien. (tél. : 05 59 71 03 34, www.zoo-asson.org)

Les sablés de Bayonne by

Pour 10 maisons

240 g de beurre ramolli
160 g de sucre glace
1 gousse de vanille
60 g de poudre d'amandes
2 pincées de sel
2 œufs
400 g de farine T45
colorants alimentaires vert et rouge

T° 180 - cuisson 8 min

- Tamise le sucre glace sur le beurre ramolli
- Ajoute la poudre d'amandes et le sel. Gratte la gousse de vanille et ajoute les graines au mélange (tu peux aussi faire avec une cuillère à café d'extrait de vanille ou 2 cuillères à café de vanille en poudre)
- Ajoute les œufs un à un, en continuant de mélanger
- Tamise la farine sur la préparation précédente et mélange un peu
- Si tu as le temps, laisse reposer la pâte au réfrigérateur au moins 2 heures.
- Préchauffe le four à 180°C.
- Etale la pâte sur le plan de travail légèrement fariné, sur une épaisseur de 5 mm.
- Découpe un rectangle de 30cm par 15 cm. Puis 5 rectangles de 6 cm par 15 cm. Avec les chutes de pate réalise 5 parallélépipèdes pour les toits.
- A l'aide d'un couteau, évide les fenêtres (assez grandes pour ne pas qu'elles se referment à la cuisson).
- Mets au four environ 8 min jusqu'à ce que les bords des biscuits soient légèrement colorés. Laisse refroidir.
- Avec un pinceau fin, en vert et en rouge, peint les colombages des maisons typiques de Bayonne !

Les recettes Sweety Papilles sont imaginées par Emeline qui propose des cours de pâtisserie pour enfants.
+ d'infos : www.facebook.com/sweetypapilles

COMMENT S'AMUSER DANS L'EAU

avec des enfants **?**

L'R du large

L'escapade
en Béarn
p. 44

La recette
Sweety Papilles
p. 45

On adore l'océan !

LES PLAGES

À chaque plage, ses atouts ! Sur la côte basque, la plupart des plages sont surveillées de 10h à 19h, de juin à septembre. De nombreuses écoles de surf proposent des initiations et des stages aux enfants, sur les plages où elles se trouvent ou sur les plages voisines. Il y a aussi 11 clubs de plage le long du littoral (tarif à l'heure, à la 1/2 journée, la journée, la semaine... compter environ 25€ la journée).

▶ ANGLET

Onze plages s'étirent sur 4,5 km. Parking gratuit pour les voitures et navette gratuite Océane l'été. Nos plages préférées :
Petite Chambre d'Amour : elle est située au pied de la falaise du Cap Saint-Martin dominé par le phare de Biarritz. Derrière, il y a le club de vacances Belambra. L'endroit a été joliment réaménagé.
Ecole de surf Rainbow (www.ecoledesurf-rainbow.com, 05 59 03 54 67)

Sables d'Or ♥ : il y a de quoi faire ! Jouer au Beach volley, s'essayer au Beach rugby (tournoi des kids gratuit, en juillet, lors du beach rugby festival), aller au restaurant (une quarantaine), faire un tour de manège, et, la nuit tombée, l'été, regarder les vagues éclairées, le ciné 100% glisse en plein air tous les mardis, la compétition de surf de nuit, etc. En saison : nombreux concerts, spectacles, marchés nocturnes, feux d'artifice, artistes de rues...
Ecole Freestyle Surf Academy (www.ecoledesurfanglet. com, 06 09 87 15 46), John Larcher Surf School (06 88 21 13 01, www.ecolesurf.com,)

Marinella : une plage familiale avec le club de plage et école de natation Les Moussaillons qui propose de nombreuses activités adaptées à chaque âge : jeux aquatiques, sportifs et traditionnels, trampolines, tournois... à partir de 3 ans (ouvert en juillet et août, tél. : 06 16 91 56 99).
Le Club de la Glisse (www.leclubdelaglisse.com, 06 12 81 55 95), Billabong Surf School (06 64 15 35 64, www.angletecoledesurf.com)

Les Corsaires : c'est peut-être la plage la plus familiale d'Anglet, avec la bibliothèque des plages en juillet et août (prêts gratuits de livres et magazines, animations

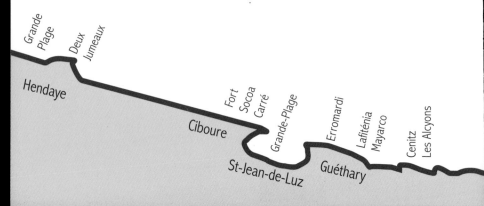

pour les enfants les mercredis et vendredis) et les espaces verts (pour le cerf-volant et les jeux de ballon).

La Madrague : plage très *nature* avec du sable fin et des espaces verts pour jouer au ballon. Ecole de surf Uhaina (06 60 78 93 49, www.ecole-surf-uhaina.com,), Anglet Surf Spirit (06 62 79 29 68, www.angletsurfspirit.com), Océanic (06 87 04 18 19, www.anglet-oceanic.com)

Les Cavaliers ♥ : en bordure de plage, il y a une aire de jeux et le festival des arts de la rue *Arrêt sur Rivage* le week-end de Pentecôte. Ecole de surf Time to Surf (06 89 68 18 66, www.timetosurf.fr) / Gliss'experience (06 21 20 12 70, www.glissexperience.com)

La Barre : c'est une petite plage à côté de l'embouchure de l'Adour, donc on peut voir toutes sortes de bateaux. En face, il y a de quoi occuper les enfants : patinoire, grande aire de jeux, skatepark, parc écologique Izadia.

Autres cours de surf à Anglet avec : Ter'Atlantik (06 88 12 13 60, www.teratlantik.fr), Evolution 2 (05 59 42 03 06, www.evolution2-paysbasque.com), Anglet surf club (05 59 03 01 66, www.angletsurf.org)

▶ BIARRITZ

Six plages, toutes différentes. L'été, une navette gratuite dessert la Côte des Basques et le Port Vieux. Nos plages préférées :

La Grande plage : c'est la célèbre plage du centre-ville. On peut facilement se garer au parking souterrain juste en face ou venir avec la navette gratuite Saint-Charles et poser sa serviette, entre l'Hôtel du Palais et le

La Grande Plage de Biarritz, magnifique non ? - © CV

Uhabia
Centre
Erretegia
Pavillon Royal
Ilbarritz
Milady
Marbella
Côte des basques
Port Vieux
Grande Plage
Miramar
Petite Chambre d'Amour
Le Club
Sables d'Or
Marinella
Corsaires
Petite Madrague
Madrage
Océan
Dunes
Cavaliers
Barre

Anglet

Bidart

Biarritz

Bellevue. On peut même louer de grandes tentes rayées (06 03 75 62 96). Pour les activités des 3-12 ans, optez pour le Sporting de Biarritz (06 15 85 45 22) ou le Club Mickey (06 16 99 24 67). Il est aussi possible d'apprendre à nager ou de se perfectionner. Ecole de surf Plums (www.plums-surf.com, 05 59 24 08 04)

Le Port Vieux : c'est une petite plage calme au fond d'une anse rocheuse abritée des vents et des vagues. Une crique idéale pour les familles avec de jeunes enfants.

La Côte des Basques : berceau du surf, cette plage a un cadre exceptionnel avec vue sur les côtes espagnoles. Mais on ne peut y accéder qu'à marée basse. Ecole de surf Jo Moraiz (www.jomoraiz.com, 06 62 76 17 24) / La Vague Basque (06 62 76 17 32, www.vaguebasque.fr) / Hastea (06 81 93 98 66, www.hastea.com)

La Milady : elle est grande, avec une promenade aménagée et une aire de jeux pour les enfants. Biarritz Association Surf Club (05 59 23 24 42, www.surfingbiarritz.com) / Biarritz Surf Training (05 59 23 15 31, www.surftraining.com)

Autres cours de surf à Biarritz : Biarritz Paradise Surf school (06 14 76 01 18, www.biarritzparadisesurfschool. com) / École du Surf Français Eric Garry (06 03 80 36 25, www.surf-camp-biarritz.com)

▶ BIDART

Six plages sur 5 km, surveillées en saison. Nos plages préférées :

Ilbarritz ♥ : c'est une jolie plage avec d'extraordinaires petites piscines naturelles à marée descendante (qui attrapera des crabes et crevettes dans son épuisette ?) et des jeux pour enfants à côté du restaurant La Plancha. Ecole de surf d'Ilbarritz (06 75 23 08 02, esi-surf.chez-alice.fr) / Bidart Surf Academy (06 60 84 48 16, www.bidartsurfacademy.com)

Erretegia : Une plage de sable fin, en bas des falaises, éloignée de la route. Il y a un terrain de pétanque et le départ du Sentier du littoral (25 km de promenade jusqu'à Hendaye). Ecoles de surf Quiksilver Xabi Jourdes et Christophe Reinhardt (www.surfecole-cotebasque.com)

Centre : c'est une grande plage avec un terrain de pétanque et de volley-ball. Bidarteko Surf club (www.bidarteko.com, 06 15 66 15

80) / École des vagues (06 10 26 71 81, www.ecoledes-vagues.com)

Uhabia : Club de plage (jeux de plein air, animations, activités dans l'eau) et terrains de volley. Ecole de surf H2O (www.ecoledesurf-h2o.com, 06 49 98 77 26)

▶ GUÉTHARY

Trois petites plages authentiques, de galets et de sable. Nos préférées :

Les alcyons : blottie dans une petite crique, elle est idéale pour les familles. À marée basse, les enfants se baignent sans danger dans les petites piscines naturelles.

Cénitz : elle est tranquille, surveillée l'été et sympa pour les surfeurs débutants. Ecole de Surf de Guéthary (surf.guethary.free.fr, 06 08 68 88 54) / Quiksilver Christophe Reinhardt (06 88 57 38 26, www.ecoledesurf-quiksilver.com)

▶ SAINT-JEAN-DE-LUZ

Grande Plage ♥ : c'est une plage de sable fin avec de nombreuses activités à faire. Protégée des vagues par trois digues et située en plein centre-ville, elle est idéale pour la baignade avec les enfants. En haute saison, pour les 3 ans et plus, il y a quatre clubs de plage pour apprendre à nager, s'amuser ou faire des tournois sportifs : Les Dauphins (06 87 12 99 40), le Sporting (06 22 66 09 75), les Trois Couronnes Mickey (06 69 00 30 44) et Donibane (05 59 51 61 53). Ecole de surf Quiksilver (www.ecoledesurfstjeandeluz. com, 06 86 94 95 27)

Erromardie, Mayarco, Lafiténia : ce sont des plages de sable et galets, surveillées, entourées de campings.

▶ CIBOURE

Nos plages préférées :

Socoa : une grande et jolie plage surveillée, avec le Club Le Kalico pour les 4-12 ans (ouvert en juillet et août, école de natation, 06 18 45 53 45), des départs en pirogue hawaïenne ou en kayak.

Du Fort : petite plage surveillée avec une très belle vue panoramique de la baie, possibilité de plongée sous-marine.

▶ HENDAYE ♥

Avec ses 3 km de sable fin en pente douce, la longue plage d'Hendaye (Grande Plage et Deux Jumeaux) est la plus sûre du Pays basque. Avec une eau qui grimpe jusqu'à 24° et ses toutes petites vagues, elle est parfaite pour les enfants. Vous pouvez débuter en surf, louer des tentes pour être à l'abri du soleil et du vent (à côté du club Mickey, 8€ la journée) ou opter pour les clubs de plage (cours de natation, trampoline, défis sportifs, travaux manuels...). Il y a le **Club Neptune** (06 68 04 28 10) et le **Club Mickey Guria** (06 80 15 74 41). Ps : l'office de tourisme met à disposition des bracelets de plage. Arteka Ocean (www.arteka-ocean.com, 05 59 20 60 02), Hendaia Quicksilver Surf school (06 73 37 53 81, www.ecoledesurf-hendaye.com), Onaka (05 59

20 85 88, www.onaka.fr), Ocean Beach (06 85 51 11 74, www.oceanbeach.fr;), Lehena (www.lehena.com, 05 69 20 52 02), New School (www.newschoolsurf.com, 06 89 33 35 54).

LA PLAGE POUR TOUS !

Handiplage

De Tarnos à Hendaye, six plages mettent à disposition des tiralos, ces fauteuils amphibies qui permettent, sans transformation, de rouler sur le sol et de flotter sur l'eau. Elles sont aussi aménagées pour faciliter l'accès des personnes à mobilité réduite (toilettes, stationnement adaptés, rampes d'accès et caillebotis). Toutes les infos sur les sites, sports et loisirs accessibles sur handiplusaquitaine.fr

À l'eau !

Vive les jeux de plage ! - © Hendaye Tourisme

Moins de 2€

▶ HENDAYE
Marie-Louise ou Jolaski ♥
La navette maritime relie Hendaye à Hondarribia en Espagne en huit minutes. Elle fonctionne toute l'année de 10h à 19h et jusqu'à 1h du matin en haute saison.
Port de Plaisance, départ toutes les 30 min et toutes les 15 min l'été, tél. : 06 07 02 55 09. Tarif : 1,80 € la traversée.

▶ SAINT-JEAN-DE-LUZ
Le Passeur
D'avril à septembre, traversez la baie en bateau ! C'est rapide, pratique et super sympa. Quatre arrêts : face au Fort de Socoa, Port de Saint-Jean-de-Luz, Digue aux Chevaux et Port de plaisance de Ciboure.
Tél. : 06 11 69 56 93, www.le-passeur.com. Un passage : 2€ pour les - de 5 ans, 2,50€ pour les autres. Carte de 10 passages : 20€, une douzaine de rotations dans la journée.

Moins de 10€

▶ BAYONNE
Le Coursic
Baladez-vous sur l'Adour et ses affluents avec Michel Ravel, le capitaine du Coursic, un bateau qui reçoit jusqu'à 72 personnes. En une heure, vous irez jusqu'au port. En deux heures, vous voguerez jusqu'à Urcuit, entre îles et maisons, en écoutant l'histoire de l'Adour. Départ au ponton des allées Boufflers.
Tél. : 06 32 64 11 42. http://adour.loisirs.free.fr, promenade d'une heure : 9,80 € pour les 3-12 ans, 12 € pour

les adultes. Promenade de deux heures : 13,80 € pour les 3-12 ans, 17€ pour les adultes. Départ assuré à partir de 15 personnes. À réserver.

▶ CIBOURE
Ciboure, un fort, un port
C'est une balade en bateau de 45 min (la Criée, Sainte-Barbe, la mer, le fort de Socoa) suivie d'un collation à l'office de tourisme, d'avril à septembre.
Inscription à l'office de tourisme, 27 quai Maurice Ravel, tél. : 05 59 47 64 56, www.ciboure.fr. Tarif : 7€ pour les enfants, 10€ pour les adultes.

▶ HENDAYE
Hendayais II
Découvrez les falaises de schiste, la petite baie de Loya au pied du château Abbadia et les Pyrénées vues de la pleine mer, au cours de croisières de 45 min (côte espagnole), 65 min (côte française), 70 min (croisière nocturne) ou 90 min (côtes française et espagnole).
Port Sokoburu, www.hendayais.com, tél. : 06 50 67 03 44. Tarif en fonction de la durée de la croisière : gratuit pour les moins de 5 ans, de 5€ à 8€ pour les 6-12 ans, de 10 à 16€ pour les adultes.

▶ SAINT-JEAN-DE-LUZ
Nivelle V
D'avril à mi-octobre, le Nivelle V propose des sorties de pêche en mer le matin, et l'après-midi, des promenades de 45 min le long de la côte et des croisières d'1h45 jusqu'en Espagne.
Embarcadère du port de pêche, en face de la place Louis XIV, www.croisiere-saintjeandeluz.com, tél. : 06 09 73 61 81. Promenade de 45 min (départ à 16h et départs supplémentaires en juillet et août) : 7€ pour les enfants, 10€ pour les adultes. Promenade d'1h45 (départ à 14h et départs supplémentaires de juillet à septembre) : 13€ pour les enfants, 17€ pour les adultes.

DES SENSATIONS !

SURF
Dès 6 ans
À partir de 35€

PLONGEE
Dès 6 ans
À partir de 25€

La côte basque est un endroit idéal pour apprendre à surfer et la plupart des écoles de surf proposent des formules spéciales pour les enfants, à partir de 6 ans : jardins des vagues, cours individuels ou collectifs, à la séance ou à la semaine, avec hébergement ou non, associés à un autre loisir (golf, cours d'anglais, autres sports de glisse...). N'hésitez pas à vous renseigner ! Retrouvez les coordonnées des écoles de surf de la page 28 à 31. En général, elles sont ouvertes d'avril à octobre ou novembre. Pour les enfants, comptez entre 25 et 40€ l'initiation d'1h ou 1h30 et entre 100 et 150€ la semaine de cinq jours.

Sous l'eau... un autre monde ! Faille, canyons, petite grotte, épave... découvrez les richesses de la faune, de la flore et de l'architecture des fonds de la côte basque. Saurez-vous reconnaître les homards, les raies, congres, étoiles de mer, doris dalmatien ou encore araignées de mer ? Dès 6 ans, les petits poissons peuvent goûter aux joies de la plongée avec des masques et des tubas lors de randonnées familiales palmées (compter 25-30€ la sortie). À partir de 8 ans, selon la morphologie, les enfants peuvent aussi découvrir la plongée bouteille en fosse ou dans l'océan (un élève par

À l'eau !

Le bonheur de tenir debout sur une planche ! - © Anglet Tourisme

33

moniteur, compter 50-60€ le baptême). Il existe six clubs professionnels ouverts à tous pour découvrir cette discipline et, si vous avez adoré, six clubs associatifs pour adhérer.
Base Fédérale d'Hendaye, tél. : 05 59 48 07 18.

▶ Les clubs professionnels

CIBOURE : Atlantika 64
18 Place Koxe Arbiza, www.plongee-paysbasque.com, tél. : 05 59 51 23 66

HENDAYE : Planet Ocean (Tribord)
Site Tribord - port Floride, www.planetocean.fr, tél. : 06 62 63 66 27

Vivre Océan Hendaye
3 quai de la Floride, bâtiment 12, tél. : 06 82 90 33 96, http://vivre-ocean.com

 ### SAINT JEAN DE LUZ : Gurekin
Pl. Port Nivelle, Résidence Port Nivelle, bâtiment G, www.gurekin-plongee.com, tél. : 06 22 12 01 21

SOCOA : Odyssée bleue
Hangar 4 chemin des blocs, www.odyssee-bleue.com, tél. : 06 63 54 13 63

Tech Océan
45 av. du commandant Passicot, tél. : 05 59 47 96 75, www.tech-ocean.fr

▶ Les clubs associatifs
Vous habitez au Pays basque ? Adhérez et plongez toute l'année ! Où ? Les vieux plongeurs à Anglet, Union Sportive Biarritz et BAB Subaquatique à Biarritz, Urpéan à Hendaye, Pottorua et Pau Océan à Socoa.

Dès 7 ans
À partir de 60€

Dès 7 ans, pendant les vacances d'été, les petits marins peuvent s'inscrire à des stages découverte d'une semaine (5 demi-journées) pour goûter aux joies de la voile sur Optimist (bateau stable, léger, facile à manœuvrer, idéal pour débuter). À partir de 8-10 ans, pour davantage de sensations, de technique et de vitesse, essayez le catamaran enfant (facile à manœuvrer, stable, polyvalent, rapide) ou la planche à voile. Plusieurs clubs de voile proposent des formules de découverte et des stages pour les enfants pendant l'été. Comptez aux alentours de 120-140 € la semaine de stage. Possibilité de cours, le reste de l'année, le mercredi et samedi.

CIBOURE
Nautika
Parking de Socoa, www.evi-nautika.com, tél : 05 59 47 06 32.

Yacht club basque
Le Club des Mousaillons permet aux 5 à 7 ans de découvrir le monde de la voile en douceur (environnement marin, jeux, petites sessions de voile).
Parking des dériveurs à Socoa, tél. : 05 59 47 18 31, www.ycbasque.org

HENDAYE
Centre nautique d'Hendaye
Itsasoko Haïzea
Possibilité de faire un stage de voile de deux séances. En haute saison, locations, à l'heure, de kayaks, dériveurs, planches à voile et catamarans.
Boulevard de Txingudi, tél. : 05 59 48 06 07 ou 06 29 78 59 42, www.centrenautique.hendaye.com.

Spi en tête
Embarquez à bord d'un voilier, prenez la barre et participez aux manœuvres. Pas de stages enfants mais un baptême de voile, de juin à septembre, dans la baie de Txingudi sur un plan d'eau calme, pour toute la famille (1h : 25€ par personne).
tél. : 06 62 82 34 74, www.spientete.com

LAHONCE
Club Adour Plaisance

La voile, c'est aussi sur l'Adour ! L'été, sur l'Adour, à 7 km de Bayonne, les plus de 7 ans peuvent participer à des stages de voile d'une semaine. Les cours sont organisés du lundi au vendredi, de 16h à 18h.

Port de Lahonce tél. : 05 59 31 61 33. Tarif : 60 ou 70€ la semaine.

Dès 7 ans
À partir de 23€

Aux enfants qui savent nager, la pirogue et le kayak de mer permettent de longer le littoral basque et de découvrir les côtes, criques, rochers et plages de façon originale.

▶ ST JEAN DE LUZ / HENDAYE
Atlantic pirogue ♥

En famille, faites un tour de baie de 2h en kayak de mer ou pirogue hawaïenne (3-4 places ou 5-10 places). Au programme : baignade, saut du carré, crique de la réserve, course, vagues, jeux, tours de magie… Autres idées : une initiation au stand-up, une balade au coucher du soleil avec pêche ou une randonnée familiale d'une journée, d'Hendaye aux criques sauvages d'Espagne, avec pique-nique, masques et tubas.

Tél. 05 59 47 21 67, www.atlantic-pirogue.com. Ouvert toute l'année. Pour les tours de baie, rdv au port de Socoa à Ciboure (en juillet et août à 10h, 14h, 16h30 et 2h avant le coucher de soleil). Moins de 12 ans : 23€, adultes : 29€. Pour la randonnée jusqu'en Esapgne, rdv au port de pêche d'Hendaye. Moins de 12 ans : 39€, adultes : 49€.

▶ HENDAYE
Arteka Océan

La balade de 2h30 en kayak de mer ou pirogue hawaïenne, à faire en journée ou au coucher du soleil, permet de découvrir la baie de Loya, le cap Figuier et la baie de Txingudi mais aussi de se baigner et pique-niquer.

2 bld de la mer, www.arteka-ocean.com, tél. : 06 07 05 49 95. Tarif : 29€. Tarifs dégressifs pour les familles.

À l'eau !

La joie de découvrir le monde sous-marin - © T&C basques

On adore les lacs et les rivières !

NOS LACS PRÉFÉRÉS

▶ **BIARRITZ**

Lac Marion ♥

Dans ce lac, on ne se baigne pas mais il est idéal pour se promener et jouer en famille. Il y a un joli ponton, des canards, des arbres, des pelouses et une grande aire de jeux avec des cabanes, bateaux et toboggans pour les plus petits, tyrolienne et agrès sportifs pour les plus grands. Nb : *La journée des enfants* s'y déroule chaque année au mois de mai.

Ouvert 7h30 à 21h30 de mi-avril à mi-septembre, de 8h à 18h de novembre à février, de 8h à 20h le reste de l'année.

NOUVEAU ▶ **GUICHE**

Base de Pop

De mi-juin à mi-septembre, la Base de Pop attend les familles avec une zone de baignade peu profonde, bien délimitée et surveillée de 14h à 19h, une plage de gazon, un snack-bar, des jeux pour enfants, un terrain de pétanque, une location de canoë et stand up paddle (5 ou 8€) et une zone de Water Jump. C'est une série de douze tremplins, tous niveaux : les grands décollent en skis, vélo, snowboard, rollers,

etc., les petits glissent sur des toboggans, sur les fesses ou en bouée (1h : 12€).

Lac des Arroques, www.basedepop.fr, tél : 05 59 58 78 34. Ouvert tous les jours de 10h à minuit.

▶ **SAINT-PÉE-SUR-NIVELLE**

Lac de Saint-Pée-sur-Nivelle ♥

Alimenté par quatre sources, le lac de Saint-Pée est comme une petite mer intérieure. Autour, il y a une aire de pique-nique, des jeux pour enfants, des terrains de tennis, un parcours santé et des sentiers balisés pour se balader à pied ou à VTT. L'été, la baignade est surveillée et la base de loisirs permet la pratique de nombreux sports nautiques : canoë- kayak (8 ou 11€), toboggan aquatique (3€ les 10 descentes), pédalos (11 ou 15€), stand up paddle (9 ou 13€).

Office de tourisme, tél. : 05 59 54 11 69, base de loisirs du lac (été), tél. : 05 59 54 18 48, lacsaintpee.jimdo.com

▶ **SAMES**

Domaine du lac

En juillet et août ainsi que les week-ends de juin et septembre par beau temps, il y a une plage de sable fin aménagée au bord du lac, quatre MNS pour surveiller la baignade, des tables de pique-nique, des toboggans (forfait journée à 3€), un mini-golf 18 trous refait à neuf (2€ la partie), des terrains de tennis et foot en libre accès, une zone de téléski nautique (à partir de 10 ans, 21€ l'heure), un restaurant.

 Aquazone est une immense structure gonflable sur l'eau avec pyramide, trampolines, courses d'obstacles et toboggans pour amuser les plus de 6 ans qui savent bien nager.
Ouvert de 11h30 à 19h et jusqu'à 20h le week-end, tél. : 06 80 10 10 00, accès payant : 2,50€ pour les 3-12 ans, 4€ pour les adultes. Aquazone : 1h : 6€, 2h : 10€, ½ journée : 15€, aqua-zone.fr

AU FIL DE L'EAU

Tranquille en canöe... ♥
Aux beaux jours, les enfants dès 8 ans sachant nager, peuvent descendre la Nive et la Nivelle en toute tranquillité, en canöe kayak ou stand up paddle (navigation debout sur une planche, avec une pagaie), dans un cadre ombragé et sans courant, librement ou accompagné, en une seule fois ou en s'arrêtant pique-niquer. Comptez entre 30 min et 2h la balade, selon le parcours et votre rythme.

Où faire du canöé ?
- "Balade et sensations" à Saint-Pée-sur-Nivelle (Pont romain de la Vierge, quartier Ibarron, tél. : 06 85 30 87 94. Enfant : 10€, adulte : 15€)
- "Pays basque découverte" à Saint-Pée-sur-Nivelle (Base nautique du pont d'Amotz, route de Sare, www.aventures-sensations.com, tél. : 06 19 77 22 00 ou 06 11 15 02 40. Enfant : 12€, adulte : 16€, balade accompagnée : 18 ou 26€)
- "Aquabalade", location de canöé à Saint-Jean-de-Luz (Base nautique Muntxola, D918 route d'Ascain, km 5 à partir de St Jean de Luz, tél. : 06 62 58 09 97, www.aquabalade.com. Tarif : de 15, 25 ou 30€ l'embarcation pour 1h30).
- "Arteka Océan", sortie de 3h en stand-up paddle (tél. : 06 07 05 49 95, www.arteka-ocean.com. Tarif : 35€. Tarifs dégressifs pour les familles).

À l'eau !

Le superbe lac de Saint-Pée-sur-Nivelle - © CV

Et si on pêchait ?

Moniteur guide de pêche de Bask pêche, Guillaume Chavanne propose une initiation "pêche en famille" à des petits groupes de 3 à 6 pêcheurs, dans les rivières de Sare. Les pieds dans l'eau, vous découvrirez la vie étonnante qui s'y cache, les conseils et astuces pour attraper les vairons et goujons et ce sera à vous de jouer ! Venez juste avec vos bottes ou sandales (selon la saison), tout le matériel est fourni. L'initiation dure 2h et s'adresse aux plus de 6 ans. Possibilité de fêter son anniversaire.

Tél. : 06 15 04 17 42, www.guide-bask-peche.com. Animation d'avril à septembre, sur réservation. Tarif : gratuit pour les moins de 6 ans, 27€ pour les 6-12 ans, 29€ pour les adultes + permis pêche obligatoire (5€ pour les enfants, 10€ pour les adultes). Rdv place du village de Sare devant la Mairie après réservation.

PLUS VITE ?

Oyé, oyé, les petits aventuriers qui savent nager, descendez les cours d'eau du Pays basque en vous amusant ! En famille, avec des enfants dès 6 ans, montez dans un rafting (3 à 8 personnes). Les plus de 12 ans, eux, peuvent choisir entre la bouée, le mini-raft, le canoë, l'hydrospeed, etc. La descente dure en général 1h30 (compter une heure de plus de préparatifs). Les sorties sont toujours encadrées par des professionnels. N'oubliez pas le maillot, les serviettes, les chaussures pour aller dans l'eau, l'attache-lunettes, etc. Compter environ 20€ pour les enfants, 30€ pour les adultes.

Où faire du rafting ?

- À Bidarray : **Ur Bizia** (RD 918, www.ur-bizia.com, tél. : 05 59 37 72 37 et 06 07 85 04 38), **Ur Ederra** (ww.rafting-paysbasque.com, RD 918, tél. : 05 59 37 78 01 ou 06 81 28 46 99), **Cocktail aventure** (tél. : 05 59 37 76 24, www.cocktail-aventure.com) et **Uhina** (tél. : 06 15 38 79 38, www.uhina.fr).

- À Itxassou : **Evasion 64** (tél. : 05 59 29 31 69 ou 06 16 74 78 93, www.evasion64.fr).

Prêts à affronter les remous ? - © Ur Bizia Rafting

Et plouf, dans les bassins !

Dans les piscines

Apprendre à nager, mettre la tête sous l'eau, se détendre, faire le poisson, s'éclabousser... il y a de quoi faire dans les piscines ! Selon les adresses, vous trouverez : des séances de bébés nageurs (6 mois à 3 ans), des activités d'éveil (3 à 5 ans), des initiations aquatiques (5-6 ans), des leçons de natation à partir de 6 ans, des petits bassins ou pataugeoires, des jeux, etc. À savoir : les enfants de moins de 7 ans ne sachant pas nager doivent être accompagnés d'un adulte en tenue de bain ; le bonnet de bain est parfois obligatoire ; il faut respecter le règlement intérieur de chaque piscine. Consultez les jours et heures d'ouverture des piscines et... plouf !

Les piscines ouvertes toute l'année

▶ BAYONNE
Centre aquatique des Hauts de Bayonne ♥
On aime le petit bassin d'apprentissage, la lagune de jeux pour les tout-petits, le toboggan gonflable pendant les vacances, les douches et toilettes à hauteur d'enfant.
5, avenue André-Malraux, www.bayonne.fr, tél. : 05 59 93 93 23, les horaires et jours d'ouverture varient selon la période de l'année. Enfant 3-16 ans : 2€, adulte : 3€

Lauga
On aime la pataugeoire l'été.
29 av. Paul Pras, tél. : 05 59 57 09 19, www.bayonne.fr, les horaires et jours d'ouverture varient selon la période de l'année. Enfant 3-16 ans : 1,40€, adulte : 2,40€

▶ ANGLET
El Hogar
Rue de Jouanetote, tél. : 05 59 57 10 90. Fermé le lundi. Horaires variables selon la période. Enfant 5-16 ans : 1,40€, adulte : 2,60€.

▶ BIARRITZ
Piscine municipale Emile Lamothe
Bd Gal de Gaulle, tél. : 05 59 22 52 52, www.biarritz.fr. Ouvert tous les jours, les horaires varient selon la période. Enfant : 1,20€, adulte : 2,50€

Piscine de la Négresse
Ouvert uniquement pour les activités : initiation aquatique dès 4 ans et leçons de natation dès 6 ans.
Impasse d'Harausta, Institut médico pédagogique Plan-Cousit, quartier La Negresse, tél. : 05 59 23 92 01. www.piscine-biarritz.com. 12€ le cours.

▶ BIDART
Aquafit 64
Dans ce centre aquatique, il y a des séances de bébés nageurs (15€), des cours de natation à partir de 3 ans (17€) et une formule aquaparty pour fêter son anniversaire à la piscine (privatisation, jeux et surveillant pour 2h30 à 150€).
Espace Larrun Burua, 820 avenue de Bayonne, tél. : 09 73 17 96 49, aquafit64.wix.com/lesite

▶ HENDAYE
Piscine Irandatz
Rue Santiago, tél. : 05 59 20 71 22, ouvert toute l'année, fermé le dimanche. Enfants : 1,75€, adulte : 2,60€.

▶ SAINT-JEAN-DE-LUZ
Piscine Sports Loisirs ♥
On aime le bassin ludique (jacuzzis, contre-sens, canon à eau...), les deux toboggans aquatiques couverts pour ceux qui savent nager, la pataugeoire, le solarium, la structure gonflable en période estivale. Mais aussi les cours de bébés nageurs, le jardin aquatique, les animations en soirée.
Route d'Ascain, tél. : 05 59 26 15 15, www.carilis.fr. Ouvert tous les jours toute l'année. Enfant 3-16 ans : 3,90€, adulte : 4,90€.

▶ USTARITZ
Piscine Landagoyen
On aime les jeux pour les enfants (tobog-gans, cage, tapis…), le samedi matin.
Route de Souraide, tél. : 05 59 93 21 16.

Plus de piscines pour l'été !

▶ ASCAIN
Route de Ciboure, tél. : 05 59 54 02 66. Cours le matin, ouverte au public l'après-midi. Enfant : 1,40€, adulte : 2,20€

▶ BIDACHE
Allée du parc des sports, www.pays-de-bidache.fr, tél. : 05 59 56 00 10. Ouvert de juin à septembre, les horaires varient selon la période. Enfant de moins de 5 ans : 1€, 5-16 ans : 1,50€, adulte : 2,50€.

▶ CAMBO-LES-BAINS
Un bassin d'apprentissage et une patau-geoire chauffés et récemment relookés.
Parc des sports, Av. Curutchague, tél. : 05 59 29 81 79, www.ecolenatationcambo.com. Enfant : 1,60€, adulte : 2,60€.

▶ HASPARREN
Route des Cimes, www.ville-hasparren.fr, tél. : 05 59 29 60 00. Enfant 6-16 ans : 1,60€, adulte : 2,40€.

▶ LA BASTIDE-CLAIRENCE
Route de la côte, tél. : 05 59 29 66 58. Enfant 6-16 ans : 1,60€, adulte : 2,60€.

Lucas à la piscine de Bayonne - © DG

▶ MAULÉON

La piscine intercommunale de Soule est ouverte d'avril à octobre. Elle possède un grand toboggan, un pentagliss à trois couloirs, une pataugeoire avec des jeux de jets d'eau, propose des cours de bébés nageurs et des éveils pour les 3-6 ans.
Complexe sportif, av. du Stade, tél. : 05 59 28 26 44. Enfant 3-18 ans : 2€ (2,50€ l'été), adulte : 3,50€ (4€ l'été).

▶ ST-ETIENNE-DE-BAIGORRY

Piscine et complexe sportif
Route de Saint-Jean-Pied-de-Port, tél. : 05 59 37 40 71. Tarif unique : 2,30€.

▶ ST-JEAN-PIED-DE-PORT

Une pataugeoire pour les petits.
3 rue Sainte Eulalie, tél. : 05 59 37 05 56. Tarif unique : 2,30€.

▶ SAINT-PALAIS

Piscine Donaiki
Av. Frédéric de St Jayme, tél. : 05 59 65 71 96. Enfant : 1,70 €, adulte : 3,10€.

▶ SARE

Pour se baigner face à la montagne... Cours de natation et d'aquagym en matinée.
Omordia, tél. : 05 59 54 20 28. Enfant 5-16 ans : 1,30€, adulte : 2,30€.

▶ SOURAÏDE

Le Bourg, tél. : 05 59 93 83 43. Moins de 6 ans et habitants : 1 €, 6-16 ans : 1,80€, adulte : 2,30€.

Parcs aquatiques ◀

▶ SEIGNOSSE (Landes)
Atlantic Park

Il y a de nombreux toboggans pour les plus grands (multipistes, à virage, à tunnel, tube, kamikaze), des bains à bulles, un grand bassin, une pataugeoire pour les tout-petits. Mais aussi des plages, des tables de pique-nique, des animations et un Club de plage.
2 avenue de la Grande Plage, tél. : 05 58 43 15 30. Ouvert de fin mai à septembre. Gratuit pour les moins de 3 ans, enfant : 7€, adulte : 9,50€.

▶ OLORON STE-MARIE (Béarn)
Aqua Béarn

Dans ce parc aquatique, il y a une piscine à vagues, une piscine à courant, une rivière à bouées, des toboggans, un pentagliss, une pataugeoire pour les tout-petits, une rivière rafting, des pédalos. Vous pouvez aussi pique-niquer au bord du lac.
Lac du Faget, Estialescq, tél. : 05 59 39 20 75. Ouvert en juin, juillet et août. Plein tarif (à partir de 5 ans) :12,50€. Nb : le parc peut fermer si la météo est défavorable. Les attractions sont accessibles aux 6 ans et plus.

À l'eau !

Thalasso...

La thalassothérapie et la balnéothérapie permettent de se détendre et de soulager des douleurs grâce aux bienfaits de l'eau de mer ou de source. C'est plutôt pour les adultes mais il existe plusieurs façons d'en profiter en famille !

▶ ANGLET
Atlanthal

Le lagon d'Atlanthal est un espace de 350m2 d'eau de mer chauffée à 34°, avec un bassin intérieur et extérieur, un parcours à contre-courant, des sièges et lits à microbulles, des séances de bébés nageurs... N'oubliez pas votre maillot, votre bonnet de bain et des sandales en plastique. Les enfants doivent être sous la surveillance permanente d'un adulte. Ps : Pour les jeunes mamans, il existe aussi des programmes de six jours avec des soins adaptés.

153 boulevard des plages, tél. du lagon : 05 59 52 75 72, www.biarritz-thalasso.com. Ouvert toute l'année, de 9h à 21h du lundi au samedi, de 9h à 12h30 et de 14h30 à 20h le dimanche. Enfant 4-12 ans : 13€, adulte : 23 ou 26€ selon la période.

▶ BIARRITZ
Thalmar

Dans l'Archipel se trouvent 3 bassins successifs d'eau de mer chauffée à 33°, avec des sièges à bulles et des jets sous-marins. Les enfants y ont accès sous la surveillance permanente d'un adulte. A apporter obligatoirement : serviette, bonnet de bain et sandales en plastique. Il y a aussi des séances de bébés nageurs (10€).

80 rue de Madrid, tél. : 05 59 23 01 22, www.biarritz-thalasso.com. Ouvert toute l'année, tous les jours. Enfant moins de 12 ans : 9€, adulte : 19€.

▶ SALIES-DE-BEARN (Béarn)
Les Thermes de Salies

L'espace aquatique des bains de la Mude possède des bassins thermoludiques d'eau salée à base d'eau de source, à 32°. Dans les piscines, les jets de massage, geysers, nage à contre courant, lit à micro-bulles relaxantes, banquette bouillonnante, cascades et fontaines apportent détente et plaisir.

Cours du Jardin public, www.thermesde-salies.com, tél. : 05 59 38 10 11. Entrée pour 1h, 1h30 ou 2h. Les enfants sont accueillis à partir de 3 ans et payent moitié prix jusqu'à 12 ans. Une heure : 9,50€, 1h30 : 11€, 2h : 15€.

Le bonheur d'être dans l'eau - © DR

Concours

On avait demandé des photos aux mamans du Pays basque... et voici nos préférées !

Robin par Julie

Lucas par Delphine

Raphaël par Christine

Jean par Geneviève

Portrait de famille
par Mélanie Melot
Retrouvez son travail sur
www.photo-terre-happy.com

Escapade en Béarn-Pyrénées

Les lacs

▶ En vallée d'Ossau, l'espace naturel du **Lac de Castet** permet une belle balade nature, ludique et culturelle au bord du gave d'Ossau, jusqu'au lac de Castet, dans un environnement de montagne avec, à l'ouest, la montée vers le plateau du Bénou et les crêtes de Lazerque, et, à l'est, les falaises de Port de Béon et la montagne du Rey (www.bielle-en-ossau.com).

Nb : Le Comité Départemental de Randonnée Pédestre propose des balades à roulettes spécifiques pour les enfants. Retrouvez six promenades en vallée d'Ossau sur www.valleedossau-tourisme.com

▶ La **Base de loisirs d'Orthez** comprend un parc ombragé et un magnifique lac bordé d'une plage de sable fin, une aire de pique-nique, des jeux pour enfants, un toboggan aquatique, des pédalos, du ski nautique, un parcours d'orientation, un loueur de vélo... (Route de Biron, tél. : 05 59 67, 08 31, www.cc-lacqorthez.fr)

▶ À Baudreix, l'Espace de Loisirs **Les O'kiri**, c'est la plage à la montagne ! Au pied des Pyrénées, il y a un plan d'eau avec une plage aménagée (baignade surveillée) et de nombreuses activités : toboggan aquatique, structures gonflables sur le lac, rocher d'escalade, terrains de sport, jeux pour enfants, sentiers de randonnées, aires de pique-nique, locations de vélos, téléski, etc. (Les Ô Kiri, Avenue du Lac, www.lesokiri.com, tél. : 05 59 92 97 73)

Dans les bassins

▶ Nos piscines préférées : **Aqualons** à Lons, avec huit couloirs, un bassin d'initiation, une pataugeoire, un toboggan et un bain bouillonnant (Mail de Coubertin, tél. : 05 59 32 83 01, www.mairie-lons.fr) et **Nayeo** à Nay avec trois bassins, un espace thermoludique, une rivière à contre-courant, une pataugeoire, un toboggan (Chemin de Montjoie, tél. : 05 59 81 82 30, www.piscine-nayeo.fr).

▶ À Oloron-Sainte-Marie, **Aqua Béarn** est un parc aquatique en plein air, ouvert de mi-juin à fin août, idéal pour les petits... (Lac du Faget, Estialescq, tél. : 05 59 39 20 75). Voir p.41

▶ À Pau, au centre aquatique **Calicéo**, laissez-vous bercer, dans une eau à 33°, par les bulles massantes des bassins intérieurs et extérieurs équipés de jacuzzis, sièges, lits et bains bouillonnants, geysers, fontaines, cascades... Ouvert tous les jours. (ZA Parkway, 2 rue des Tiredous, tél : 0826 303 664, www.caliceo.com)

Dans les gaves

Un gave est un torrent de montagne spécifique aux Pyrénées. Plusieurs balades en canoë permettent de traverser des paysages en toute quiétude, que ce soit au pied du Pont Vieux d'Orthez, sur le gave de Mauléon ou d'Oloron. Sur le gave de Pau, dans la plaine de Nay, un ensemble de professionnels diplômés accueillent et encadrent les petits comme les grands en rafting, canoë-kayak, hydro speed, descente en hot dog et bouées tractées. En famille, avec des enfants qui savent nager, les sensations sont assurées !

Une partie de pêche ?

Il existe de nombreux parcours de pêche pour toute la famille, en Béarn. Plus d'infos sur www.peche64.com

Cocktails et glaçons fruités by

Ingrédients

- Jus d'orange
- Sirop de grenadine
- Petits fruits (framboise, fraise, abricot, cerise…)
- Bac à glaçons

Les enfants aussi peuvent déguster de beaux cocktails colorés !

- Lave bien les fruits.
- Découpe les en morceaux assez petits pour qu'ils tiennent dans les bacs à glaçons.
- Place les morceaux de fruits dans les bacs à glaçons.
- Recouvre d'eau.
- Mets au congélateur 2h minimum.
- Ces glaçons sont aussi très jolis avec des feuilles de menthe, ou des écorces de citron ou d'orange.

Le cocktail :
- Mets 2 glaçons aux fruits au fond d'un verre haut.
- Verse du jus d'orange bien frais.
- Ajoute un peu de sirop de grenadine (ne mélange pas, le sirop va se déposer au fond du verre, cela fera l'effet d'un joli soleil levant).
- Décore le verre avec des rondelles de citron, d'orange ou des petites brochettes de fruits ! Tchin !

Les recettes Sweety Papilles sont imaginées par Emeline qui propose des cours de pâtisserie pour enfants.
+ d'infos : www.facebook.com/sweetypapilles

LA RHUNE

MONTAGNE BASQUE · EUSKAL MENDIA

Installations d'art du 15 fév. au 11 nov.

PANORAMIKA · TRAIN DE LA RHUNE · 1924-2014 · **90 ANS**

Journée anniversaire le 28 juin :
Performances artistiques et gastronomiques

Toute l'info sur rhune.com

www.cg64.fr

PYRENEES ATLANTIQUES
CONSEIL GENERAL

CHAPITRE 3 :
COMMENT S'AMU
EN PLEIN AIR

avec des enfants

En plein R

L'escapade en Béarn p. 66

La recette Sweety Papilles p. 67

Tranquille, on prend le temps

Les parcs, jeux et jardins qu'on aime bien

ANGLET

▶ Les forêts du Pignada, du Lazaret et de Chiberta ♥

C'est un immense espace boisé, génial pour des balades en toute sécurité, le long des voies vertes aménagées, à pied, à vélo, à patins à roulettes ou à trottinette. Pour les petits sportifs, il existe le Parcours santé du Pignada (2,5 km de pistes pour courir dans le sable et des plateformes équipées d'agrès). L'été, il y a aussi un parcours acrobatique et une zone du jump airbag (Territoires d'aventures, tél. : 05 59 42 03 06). On aime pique-niquer dans la forêt, sur les tables prévues en bord de route au Pignada ou dans la forêt du Lazaret. Entrée : promenade de la Barre ou Avenue de Montbrun.

▶ Le parc écologique Izadia ♥

Découvrez et observez, sur 14 hectares, la biodiversité de ce parc situé entre fleuve, océan et lacs. De fin mars à début novembre, allez voir les expos et les films et promenez-vous sur le sentier. L'entrée est libre. Les plus de 3 ans peuvent aussi se faire prêter gratuitement le kit du naturaliste (loupe, jumelles, boussole…), prévoir au moins 45 minutes de visite. Pour les plus curieux, louez l'audioguide interactif (4€) ou participez à la visite guidée familiale, à 10h30 et 15h, le weekend et jours fériés (12€ pour 4). À chaque étape, il y a une explication scientifique pour les adultes et des activités pour les enfants dès 3 ans. L'été, ne manquez pas les lundis zen (hamacs et nacelles) et les jeudis d'Izadia (diverses animations gratuites comme une chasse au trésor, du land'art, une lecture itinérante ou une initiation photo, de 18h à 20h).
297 av. de l'Adour, www.izadia.fr, tél. : 05 59 57 17 48. Ouvert de fin mars à début novembre, du mercredi au dimanche de 10h à 12h30 et de 14h à 18h. En juillet août et septembre, ouvert tous les jours et jusqu'à 20h le jeudi sauf le jeudi des fêtes de Bayonne.

▶ L'aire de jeux de La Barre ♥

On adore et on n'est pas les seuls… Entre l'océan, la patinoire et le parc Izadia, elle comprend trois aires de jeux à découvrir selon l'âge (toboggans, plans d'escalade, filets, nacelle, petits personnages sur ressorts, etc…) et une aire de glisse et de roule pour les plus intrépides qui veulent dévaler les modules à rollers ou à trotinette (pensez aux protections).

♡ **On aime aussi** le jardin et les jeux qui se trouvent derrière la mairie, le manège et les terrains de beach volley aux Sables d'Or, le jardin Marcel Dufour, l'aire de jeux des Cavaliers, les parcs El Hogar, Belay, Montaury, Baroja, et le nouveau City stade quartier Lespès Montbrun.

BAYONNE

▶ Le jardin botanique ♥

Dans ce joli jardin japonisant niché au cœur des remparts, on aime le pont rouge, la petite cascade, la collection de graminés et bambous, les magnifiques fleurs et les "vedettes" des bassins, les carpes et les tortues. Sur place, Antoinette, responsable du jardin, se fera un plaisir de conter au public les particularités des plantes. En bas, il y a l'aire de jeux de la Poterne.
Allée des Tarides, tél. : 05 59 46 60 93. Ouvert du mardi au samedi de mi-avril à la mi-octobre de 9h30 à 12h et de 14h à 18h.

▶ La Plaine d'Ansot ♥

C'est une grande zone naturelle proté-gée de 100 hectares qui se découvre au gré des quatre sentiers de promenade, tous adaptés aux enfants (compter entre 30 min et 1h de marche). Nb : Avec une poussette, seul le chemin principal est pra-ticable. Vous pouvez pique-niquer face à la Nive, jouer avec la maquette à eau (faites fonctionner les clapets), grimper à l'ob-servatoire des oiseaux, aller voir les très intéressantes expositions de la Maison des Barthes, visiter le Muséum d'histoire naturelle et participer aux nombreuses animations gratuites organisées pour les enfants dès 3 ans (voir planning sur le site internet). Pour aller à la plaine d'Ansot, empruntez le pont Blanc, à pied, à vélo ou en navette électrique gratuite les mercre-dis et samedis après-midi.
Av. Raoul-Follereau, Pont Blanc, www.ansot.bayonne.fr, tél. : 05 59 42 22 61. Ouvert du mardi au dimanche, de 9h30 à 19h, de mi-avril à mi-octobre et de 10h30 à 17h30 de mi- octobre à mi-avril.

♡ **On aime aussi** le jardin public en centre-ville (plus de dix mille fleurs, des grands pins, tilleuls et magnolias et des bassins, avenue Léon Bonnat), le parc Caradoc sur les Hauts de Bayonne (joli parc de cèdres et de chênes et une aire

En plein air !

Les joies des balades à vélo - © CV

de jeux sur le thème de la mer, av. du Dr Maurice-Delay), le parc Mousserolles au Petit Bayonne (au pied des remparts, jeux dans le sable, espace vert pour des parties de ballon, rue Ravignan), les aires de jeux et le skatepark de la Poterne au coeur des remparts, le toboggan des petits, place d'Albret et des modules pour tout-petits Quai Bergeret, les jeux d'équilibre de la plaine Sainsontan.

BIARRITZ

Nos deux parcs préférés :
▶ Le parc Mazon
On aime ce parc pour ses pelouses, ses deux aires de jeux (l'une pour les tout-petits, l'autre pour les 5-12 ans, avec un très beau bateau), son fronton où l'on joue à la pelote basque et ses associations très impliquées pour les enfants, "Les amis du Parc Mazon", "Les petits débrouillards" et

"La Ludo 64". Les allées sont larges, accessibles aux poussettes et aux fauteuils roulants. À chaque événement jeune public, il se passe toujours quelque chose ici !

Entre l'avenue du Maréchal Joffre et l'avenue de la République. Ouvert de 8h à 20h, jusqu'à 22h en haute saison.

▶ Autour du lac Marion ♥
De grands espaces verts, un lac de 5ha au milieu, des chemins pour se promener sous les arbres, un très joli ponton, des oiseaux, des canards, un ragondin (cherchez-le !) et plusieurs grandes aires de jeux pour les 2 à 12 ans. Toute cette nature et ces jeux sont à quelques minutes du centre-ville !

Avenue du lac Marion. Ouvert tous les jours de 7h30 à 21h30 de mi-avril à mi-septembre, de 8h à 18h entre novembre et février, et de 8h à 20h le reste de l'année.

On aime aussi la super aire de jeux de la Milady (les pieds dans le sable, en bord de plage), le train et les autres jeux de l'aire de la Négresse (rue Philippe Veyrin, pas très loin de la gare).

L'aire de jeux de la Milady à Biarritz - © CV

CAMBO

▶ La Villa Arnaga

Découvrez la demeure de rêve d'Edmond Rostand, l'auteur de Cyrano de Bergerac. Elle possède 20 pièces de style néobasque, deux magnifiques jardins restaurés comme les avait imaginés le poète, plusieurs bassins, de grandes pelouses, des buis bien taillés, des arbres centenaires et quelques animaux. Pour le découvrir de façon ludique, demandez le jeu de piste "Sur la piste de Chantecler" ou "À la découverte des arbres de Rostand". Il y a aussi des stages d'arts plastiques et de théâtre pendant les vacances, des balades théâtrales l'été, etc. Route du Docteur Camino, www.arnaga.com, tél. : 05 59 29 83 92. Ouvert de mars à novembre. Enfant de 7 à 12 ans : 2,50€, jeune et étudiant : 3,60€, adulte : 7,20€, tarif famille : gratuit à compter du 3e enfant.

ST-JEAN-DE-LUZ

▶ Le jardin botanique littoral Paul Jovet

Situé au bord de l'océan, il présente la flore typique du littoral basco-landais, ainsi que des espèces végétales des cinq continents. Vous pouvez vous balader en visite libre (demandez les dessins et le jeu de piste à l'entrée) ou participer aux ateliers découverte pour les 6-9 ans, les jeudis, de mi-juillet à mi-août (4€). 31 rue Gaëtan Bernoville, tél. : 05 59 26 34 59, jardin-botaniquelittoral-saintjeandeluz.org. Ouvert de fin mars à début novembre. Visite libre : gratuit pour les moins de 12 ans et les adhérents, 4€ pour les adultes, 2€ le tarif réduit.

♡ **On aime aussi** le Parc Duconténia (aire de jeux, théâtre de la nature, *Journées de la petite enfance* en mai) et le nouveau skatepark de Marañon (247 m² de glisse, en centre-ville, pour les 6-12 ans).

Nos autres coups de cœur au Pays basque :

▶ l'aire de jeux Belcénia à Hendaye, face aux petits bateaux de la Baie de Txingudi : nouveau bol de skateboard, parcours bi-cross, grande structure, toboggans, etc.

▶ l'aire de jeux dans le parc des berges de la Nivelle au centre de St-Pée-sur-Nivelle.

▶ la forêt d'Iraty, la plus vaste forêt de hêtres d'Europe : des activités nature l'été (balades, équitation, pêche...) et une station de ski l'hiver (ski de fond, raquettes, chalets). Tél. : 05 59 28 51 29, www.chalets-iraty.com

---

MINI GOLF !

À partir de 3,50€

Les mini-golfs sont ouverts aux beaux jours (ou seulement en juillet et août) et jusqu'à tard le soir pendant les vacances d'été. La plupart du temps, ils comprennent 18 trous. Comptez de 3,50 et 5€ la partie pour les enfants et de 5 à 7€ pour les adultes.

Où jouer ?

Anglet (Baby Golf, rue Bouney, tél. : 05 59 03 09 21, www.golf-anglet.com), **Ascain** (tél. : 06 65 19 61 51), **Biarritz** (Mini golf Ilbarritz, av. Biarritz, tél. : 05 59 41 22 19), **Hendaye** (boulevard de la mer, tél. : 06 85 07 01 14), **Saint-Jean-de-Luz** (Mayarko, quartier Acotz, tél. : 05 59 54 70 34), **Saint-Jean-Pied-de-Port** (Place des remparts, tél. : 05 59 37 19 22), **Sames** (Domaine du Lac (tél. : 05 59 56 44 65)

Et si on faisait comme les grands ? Plusieurs golfs du Pays basque proposent des stages junior pendant les vacances, pour les enfants à partir de 5 ans ! Compter entre 125€ et 180€ la semaine de stage avec 1h ou 1h30 de cours par jour. Renseignez-vous !

Les petites randonnées en famille

Allez zou, on met ses chaussures, on s'habille comme il faut, on prend un petit sac à dos (pique-nique et bouteilles d'eau) et on part en balade en famille ! Pour les bons marcheurs, il y a de très nombreux parcours à découvrir mais pour les petits pieds pas trop habitués, il y aussi plein de chouettes circuits de randonnée !

Jolie rivière...

Au fil de la Nive, à travers les palmiers (Cambo) ♥

C'est une promenade très courte mais très exotique, au milieu des palmiers et des parterres de fleurs, que l'on peut faire avec une poussette. L'établissement thermal construit en 1926, la grande jarre-fontaine sur le rond point et le restaurant Pavillon Bleu aux allures de pagode ajoutent un charme fou à ce site consacré aux cures et à la remise en forme mais ouvert aux promeneurs. C'est l'après-midi, quand les curistes sont moins nombreux qu'il est le plus agréable de s'y promener et de flâner dans les allées. Sur le parcours, vous verrez : la coursive en bois le long de la Nive, les lauriers roses et les palmiers le long des pergolas, la belle allée centrale, plusieurs fontaines.
Infos : 30 min, 1,4 km, niveau 1 très facile, fiche complète sur www.cdrp64.com, rubrique "balade à roulettes". Départ : parking des Thermes à Cambo

Aux sources de la Bidouze (Saint-Just-Ibarre)

La Bidouze est une jolie rivière sans danger où l'on peut jouer, tremper les pieds, fabriquer des barrages et des radeaux miniatures. Du premier parking, on peut faire l'aller-retour à travers la forêt des Arbailles, jusqu'à la passerelle et l'aire de pique-nique (2h, 6 km, niveau très facile). Ou, par temps bien sec et bien chaussés, on peut partir de la passerelle et aller jusqu'à l'immense grotte cachée au pied d'une falaise recouverte de végétation. Infos : 2h, 3,6 km, niveau facile. Départ : Hameau de Saint-Just-Ibarre. Fiche GPS : www.rando64.com

En suivant le saumon, roi des Gaves (Poey d'Oloron)

Cette promenade vous permettra de découvrir les rivages du gave d'Oloron et "la bleue de Poey". Pour les pêcheurs, ce pool de saumons de réputation internationale est un site incontournable. Dans cette superbe piscine d'eau glacée peut-être aurez-vous la chance d'y voir sauter le roi des gaves ? Sur le parcours, vous verrez : une petite colline boisée, la jolie chênaie du château Pedelaborde, un petit pont de pierre, un sentier en lacet qui débouche sur de larges terrasses au-dessus du gave d'Oloron, une piste à travers champs, la vue panoramique du Grand Gabizos au pic d'Orhy, le charmant village de Poey.
Infos : 2h, 5 km, niveau 1 très facile, fiche GPS sur www.tourisme-oloron.com. Départ : Poey d'Oloron

En petit train...

La Rhune, montagne mythique (Sare) ❤

Du haut de ses 905m d'altitude, la Rhune offre un sublime panorama sur les Pyrénées et la côte basque de Saint-Sébastien aux plages landaises. On peut y monter à pied (pour les plus grands) ou en petit train à crémaillère, de février à novembre (départ toutes les 35 min, durée du trajet de 30 minutes). Au sommet, à chaque vacances scolaires (sauf Noël), à certaines heures, il y a des animations familiales : observation de la nature, découverte de la vie animale, ateliers artistiques, initiation à la survie, lâcher d'oiseaux, etc. La Rhu-ne fête ses 90 ans en 2014 ! Pour l'occasion, vous verrez des créations artistiques éphémères tout le long du parcours. Ouvrez l'œil !

Gare, Col de Saint-Ignace, tél. : 05 59 54 20 26, www.rhune.com. Tarif aller-retour : 10€ pour les 4-12 ans et 17€ pour les adultes.

Bon plan :

Si vous êtes déjà allés à la gare du petit train de la Rhune, vous savez qu'il est parfois difficile de se garer et que l'attente peut être (très) longue. La bonne idée ? Utiliser la navette (départ de Saint-Jean-de-Luz, Chantaco, Ascain ou Sare, jusqu'au Col de Saint-Ignace) et acheter vos billets à bord pour éviter l'attente en caisse ! Vous pouvez aussi vérifier les horaires d'affluence sur le site internet.

En plein air !

La vue est magnifique du sommet de la Rhune - © CV

Le plus haut des petits trains (Artouste) ♥

Quelle aventure ! Il faut d'abord prendre la télécabine de Fabrèges pour rejoindre la gare du petit train d'Artouste. C'est le plus haut petit train d'Europe ! Il longe la falaise et surplombe des panoramas grandioses pendant 10 km à près de 2000 m d'altitude. C'est impressionnant. Le long de la voie ferrée, on peut voir des brebis, des marmottes, des vautours, etc. Au bout de 50 minutes, on arrive face aux magnifiques Pic du Midi d'Ossau et lac d'Artouste. De là, on peut partir se balader à travers le Parc National des Pyrénées, jusqu'au refuge d'Arrémoulit par exemple (environ 2h, possibilité de restauration au refuge).

+ d'infos : www.ossau-pyrenees.com

Au Baïgura, dans les wagons du tracteur (Mendionde) ♥

Après une montée de 20 minutes, assis dans les wagons tirés par un tracteur, vous arriverez au sommet du Mont Baïgura (897 m). Sur ses flancs, un sentier de découverte propose deux balades, de 2h ou de 3h, à la découverte de la géologie, de la faune et de la flore. Sur le parcours, vous verrez : des rambardes panoramiques, des panneaux, des jeux, une ancienne mine de Kaolin, et en levant les yeux, le sompteux ballet des parapentes et des vautours quand les vents sont favorables.

Départ : base de loisirs du Baïgura, route de Louhossoa. Petite boucle : 5 km en 2h, grande boucle : 12 km en 3h, tél. : 05 59 37 69 05, plus d'infos sur www.baigura.com

Bon plan : À la base de loisirs, il y a une aire de pique-nique, des jeux, un aéro-trampoline, etc.

C'est l'aventure !

Suivre la chouette au bois de Mixe (Saint-Palais)

Sous les arbres du bois de Mixe, entre Saint-Palais et Orègue, quand il fait beau, suivez la chouette sur un sentier de découverte de 2 km. Pont de singe, gué, passerelles... il y a plusieurs manières amusantes de traverser la Patarena, le petit ruisseau qui serpente dans le bois.

Infos : 1h, 2 km, tél. : 05 59 65 71 78

PETITE RANDO... ... ET GRANDES ENIGMES !

Gratuit

C'est l'événement incontournable des vacances de Pâques et de Toussaint, organisé par "Courant d'air événements" sur le territoire de "Terre et côte basques". Cette rando aventure - chasse aux énigmes est totalement gratuite. C'est une animation sportive et culturelle puisqu'il faut marcher sur des sentiers sécurisés (parcours facile d'1h ou parcours de 2h) et répondre à des questions sur le thème des contes, mythes et légendes du Pays basque. À vivre sans hésiter avec des enfants à partir de 5 ans.

+ d'infos : www.terreetcotebasques.com

"Courant d'air Evénements" conçoit selon vos envies, des animations ludiques et culturelles, des challenges, olympiades, activités de pleine nature pour toute la famille, etc.

+ d'infos : www.courant-air-evenements.fr

Franchir la passerelle d'Holzarte (Larrau)

Oserez-vous franchir la spectaculaire passerelle d'Holzarte qui surplombe les gorges d'Olhadubi, à 180 m de haut ? Garez la voiture à l'Auberge de Logibar, à 2 km de Larrau, et suivez le sentier. Vous arriverez au pont suspendu après une heure de marche. Sur le parcours, vous verrez : un cours d'eau, des sous-bois ombragés, un sentier très abrupt (attention aux glissades sur la roche humide), une vue imprenable sur le pic d'Orhy, les gorges d'Olhadubi et la passerelle d'Holzarté. Émotions garanties sur ce pont *mouvant* suspendu au-dessus d'un impressionnant canyon.

Infos : 2h aller-retour. Départ du parking du gîte Logibar, en bordure de la D26 menant à Larrau.
+ d'infos : www.paysbasque-tourisme.com

À Kakoueta, en pleine Amazonie (Sainte-Engrâce)

Avis aux petits Indiana Jones, cette randonnée est fantastique ! Entrez dans "l'Amazonie du Pays basque", au cœur d'une nature vierge luxuriante et marchez le long d'un sentier sécurisé par des mains courantes et des ponts en fer et en bois. Les parois vertigineuses et ruisselantes atteignent jusqu'à 350 m de hauteur. Après une heure de marche à travers les canyons, vous arriverez à la cascade et à la grotte du lac. Dépaysement garanti ! Attention : quand le sentier est très fréquenté, en été, ceux qui montent croisent ceux qui descendent sur des chemins étroits et parfois glissants.

Infos : 2h aller-retour, www.sainte-engrace.com

En plein air !

La chasse au trésor de "petite rando et grandes énigmes" - © T&C basques

55

Et si on se baladait avec un âne ou un poney ?

Les enfants adorent les poneys ! Pour découvrir de plus près cet animal, vous pouvez aller dans les centres équestres pour observer les animaux, faire une balade en main, dès 4 ans (poney tenu par un adulte, sur un parcours sécurisé, compter entre 8 et 12€ les 30 minutes), faire des balades d'1h (à partir de 8 ans, compter 25€), faire un stage pendant les vacances, dès 4 ans (à partir de 49€ la demi-journée) ou inscrire les 5 - 12 ans, à l'année, au poney club. Les chevaux et les poneys aident aussi beaucoup les enfants en difficulté.

Petites balades

Pour le plaisir de monter sur un poney et faire un tour de 10 à 30 min (de 2 à 12€)

ANGLET : Club hippique de la côte basque (route du petit palais, http://clubhippiquecotebasque. wordpress.com, tél. : 05 59 63 83 45)
ESPELETTE : Ferme équestre Zaldika (Irazabaleko Bidea, tél. : 06 25 89 45 03)
HASPARREN : Urkodéa (Quartier Celhay, www.urkodea.com, tél. : 05 59 29 15 76)
MENDIONDE : Base de loisirs de Baïgura (Route de Louhossoa à Mendionde, tél. : 05 59 37 69 05, www.baigura.com. En juillet et août uniquement)
SAINT-PÉE-SUR-NIVELLE : Pottok land ♥ Lac de Saint-Pée, www.pottok-land.fr, tél. : 06 16 33 26 88. Ouvert pendant les vacances de Pâques, d'été et de la Toussaint.
URRUGNE : Centre équestre Larrun Alde (455 chemin d'Erramuntegia, quartier Olhette, tél. : 06 89 02 25 69, www.rando-equestre-larrunalde.com

TARNOS (Landes) : Babylone Poneys ♥ Tour de manège avec des enfants dès 18 mois ou balades en forêt dès 3 ans. 125 chemin de la Bidassoa, www.poneys-tarnos.fr; tél. : 06 24 43 19 44

Poney clubs

ANGLET : Club hippique de la côte basque (route du petit palais, http://clubhippiquecotebasque. wordpress.com, tél. : 05 59 63 83 45)
ARCANGUES : Ecurie Larretcheberria (tél. : 06 81 70 19 22, www.larretcheberria.ffe.com), écuries de Lorténia (Quartier Chapelet, tél. : 05 59 43 08 90, www.lortenia.com)
ASCAIN : Centre Equestre St Hélène (Chemin serres, tél : 05 59 43 90 42 ou 06 47 53 91 30)
BIARRITZ : Club hippique (allée Gabrielle Dorziat, www.biarritzcheval.com, tél. : 05 59 23 52 33)
CAME : Ferme équestre de Mountagnes (Maison Mountagnes, tél. : 05 59 56 45 07, www.ferme-equestre-mountagnes.com)
ESPELETTE : Le cheval de 3 (Maison Irazharria, Larrotzako bidea, tél. : 06 75 49 07 61, www.chevalde3.fr)
SAINT-PALAIS : Centre équestre Zaldi Xuri (Chemin Esquilamborde, tél. : 05 59 65 97 73, cestpalais.jimdo.com)
SARE : Olhaldea (Chemin Ste-Catherine, www.olhaldea.com, tél. : 05 59 54 28 94)
USTARITZ : Club Aitz Zaixpy (Quartier Sokorrondo, Chemiarenborda, tél. : 05 59 93 09 84)

Avec un âne

L'âne est un compagnon idéal pour des randonnées balisées, accompagnées ou non. Il porte docilement les enfants dès 3 ans et les bagages jusqu'à 40 kg. Intelligent, malin, câlin, l'âne motive les plus jeunes aux joies de la marche et de l'aventure. Compter entre 10 et 17€ l'heure et entre 35 et 40€ la journée. À réserver.

► ESPELETTE
Astoklok
Pour une balade, non accompagnée, avec vue sur l'océan et les montagnes, optez pour le sentier d'1h (avec des enfants dès 3 ans), la balade de 3h en montagne ou la randonnée à la journée.
Ferme, Belazkabieta Etxeberria, tél. : 05 59 52 98 02

► IROULEGUY
Escap'Ane
Vous pouvez louer des ânes pour faire un circuit libre en étoile (avec kit rando, circuits de 3h ou plus, pour découvrir l'Irouléguy et son vignoble) ou faire une balade accompagnée pour mieux connaître le monde de l'âne.
Le Bourg-Chemin Behereco Landac, tél. : 06 86 81 87 23, http://escapane.lesaem.org

► LA BASTIDE-CLAIRENCE
L'asinerie de Pierretoun
Des balades en boucle, non accompagnées, faciles, de 2h à deux jours, avec vue sur la chaîne des Pyrénées.
Hameau de Pessarou, www.anes-pays-basque.com, tél. : 05 59 31 58 39

► SAINT-JEAN-PIED-DE-PORT
Les ânes de l'Arradoy
Le domaine Mourguy propose des locations d'âne sur des parcours balisés et faciles, sur la petite montagne de l'Arradoy. Pour une heure, une demi-journée ou une journée. Réserver à l'avance.
Ispoure, www.domainemourguy.com, tél. : 05 59 37 06 23.

Les chouettes balades avec un âne - © DR

En plein air !

57

On accélère ?

À fond sur un vélo !

De nombreuses petites routes, allées forestières ou pistes cyclables sont à découvrir en famille à travers le Pays basque. Pour les enfants, éviter les itinéraires trop passants et les pentes trop abruptes. Contactez les offices de tourisme pour connaître les parcours adaptés et les loueurs de vélo les plus proches de chez vous ou de votre lieu de séjour. **Nos deux parcours coup de coeur :**

 Dans la forêt d'Anglet

La forêt du Pignada offre de superbes balades à vélo sur des sentiers balisés et sécurisés, à l'ombre des arbres. Il y a aussi la piste cyclable du Boulevard des plages qui relie la Barre à la Chambre d'Amour, mais attention à la circulation en haute saison ! Plus d'informations : www.anglet-tourisme.com

 Le long de la Nive entre Bayonne et Ustaritz ♥

À partir du siège de l'Aviron Bayonnais, suivez le chemin de halage jusqu'à Ustaritz. Sur ce sentier goudronné de 12 kilomètres presque tout plat qui longe le cours de la rivière, on voit des prairies, des clairières, des chevaux, des champs de maïs, etc. Accès par Bayonne, Villefranque,

Bassussary et Ustaritz (nouveau point de départ au quartier de la Guadeloupe). Plus d'informations : www.nive-maritime.com

Retrouvez de nombreux itinéraires et des infos vélo sur www.bearnpyrenees-tourisme.com et www.paysbasque-tourisme.com

Bons plans :
Des prêts de vélos gratuits ♥

À Anglet, vous pouvez emprunter des vélos, gratuitement, de juin à septembre, de 10h à 20h, soit à la Base navale (4 avenue de l'Adour), soit à l'école Aristide Briand (rue Jean Moulin). En plus des vélos adultes, vous pouvez emprunter des vélos enfants, des sièges bébés et des remorques bébés. Il suffit de se présenter, entre 10h et 20h, muni d'une pièce d'identité. Attention : l'antivol est fourni, mais pas le casque ! Plus d'infos à la mairie, tél. : 05 59 57 17 48

Des vélos solidaires

À Bayonne, quartier Saint-Esprit, l'association Txirrind'Ola anime des ateliers participatifs de réparation de vélo, récupère et recycle des vélos de seconde main et fait la promotion de la pratique du vélo à travers plusieurs manifestations. Plus d'infos : 07 81 50 72 73, 10 rue Sainte-Catherine, http://txirrindola.org

Une journée top

On prépare le pique-nique et on y va ! On paye l'entrée et ensuite les jeux sont en accès gratuit et illimité toute la journée. Nb : les enfants sont sous la surveillance des parents. Compter de 8 à 12€ l'entrée enfant.

▶ BIDART
Bid'Aparc
C'est une aire de loisirs et un parc animalier à la fois. Il y des tables pour pique-niquer le midi et des jeux pour toute l'après-midi : des structures gonflables, un toboggan qui finit dans une petite piscine, des petits bateaux à conduire, des tram-

polines, un mur d'escalade, un carrousel, etc. Mais aussi quelques animaux de basse-cour et de ferme. On peut donner le biberon aux bébés et se balader à dos de poneys. Nouveautés 2014 : un bateau pirate, un canard mangeur, un petit terrain de foot et un jeu d'adresse avec des balles. En face de la plage de l'Uhabia, sur la Nationale 10, tél. : 05 59 22 15 66, www.bidaparc.com. Ouvert d'avril à novembre les mercredi, samedi, dimanche, jours fériés et vacances scolaires, de 10h30 à 19h en haute saison, autres horaires selon la saison. Enfants 2-16 ans : 9 ou 10€, adultes : 7 ou 8€. A partir de 17h, l'entrée est aussi valable le lendemain. Balade à poneys : 2€.

NOUVEAU ▶ URRUGNE
Wow-Park ♥
Dans un magnifique parc floral et boisé de 10 hectares, des fées, elfes et far-

Les cabanes du Wow-Park à Urrugne - © DR

fadets ont construit un village de cabanes perchées dans les arbres ! Au total, 15 ateliers ont été installés et racontent une histoire de la mythologie basque. Prêts à emprunter la luge des Laminak, roulé-bouler dans l'herbe, glisser sur les tyroliennes, grimper dans Latsari, traverser les océans de filets, sauter sur le ventre de Tartaro, marcher sur l'eau féérique et sauter sur un champi sauteur ? Les jeux sont classés par âge et les adultes s'amusent autant que les enfants ! Il y a plus de 180 places assises et deux points de restauration pour pique-niquer et des hamacs pour se reposer.

11 chemin du Bittola (suivre les panneaux de la mascotte Max le Troll), tél. : 05 59 22 18 85, www.wowpark.fr. Ouvert de mai à novembre, le mercredi de 13h à 18h et samedi, dimanche et jours fériés de 10h à 18h, et tous les jours de 10h à 19h l'été. Enfants 2-4 ans : 6€, 5-65 ans : 12€, groupe de 5 : 10€.

▶ SOURAIDE
Ttiki Leku ♥

Dans ce joli espace boisé de 2,5 ha, il y a une quinzaine d'attractions : des petits bateaux qui tournent en rond, des structures gonflables, une tyrolienne, une piste de kart à pédales, un terrain de badminton, deux grands filets dans les arbres (parcabout), un bac à sable pour les plus petits, des balançoires, un mini-golf, un espace de jeux d'eau à l'entrée et, nouveauté 2014, une grande luge. Ici, on pique-nique sous les arbres ou sous l'abri bois et on peut faire la sieste dans les hamacs.

Chemin d'Otsantza, entre Ustaritz et Saint-Pée-sur-Nivelle, www.parc-jeux-paysbasque.com, tél. : 05 59 59 27 49. Ouvert d'avril à novembre, tous les jours de 10h à 18h30 en juillet et août. Tarif : 8€, gratuit pour les moins de 3 ans, 6€ pour les plus de 60 ans.

D'autres parcs

▶ URRUGNE
Ibardin Aventures

Dans ce récent parc multi-activités, au coeur du cadre merveilleux du col d'Ibardin, les petits dès 3 ans ont de quoi faire : pont de l'aventurier, parcours d'équilibre, escalade sur arbre, course d'orientation et chasse aux trésors. Tarif unique de 15€ les 5 activités. Trampo-élastique à 5€.

Au col d'Ibardin, D404, www.ibardin-aventures.com, tél. : 07 86 32 56 83. Ouvert d'avril à octobre le week-end hors vacances scolaires et tous les jours pendant les vacances.

▶ MENDIONDE
Base de loisirs du Baïgura

Au pied du mont Baïgura, il y a une aire de pique-nique, des jeux, un trampo-élastique (5€), un petit train qui grimpe au sommet (4-12 ans : 5,50€, adulte : 7,50€), des sentiers de randonnées, des tours de poneys en juillet et août (3€) et, pour les plus grands, de la trottinette tout terrain (26€ les 45 min), du VTT, du parapente (70€ le baptême) et une initiation à l'escalade (20€ les 2h).

Route de Louhossoa à Mendionde, tél. : 05 59 37 69 05, www.baigura.com

▶ CAPBRETON HOSSEGOR
L'île aux pirates

Dans ce parc orné de palmiers, sur le port, il y a diverses attractions : piste de course, structures gonflables, trampoline, trampo-jet, cordages, petits bateaux électriques, pêche aux canards, toboggan, manège, etc.

Môle Nord, Pont Notre-Dame, www.ileauxpirates.com. Ouvert l'après-midi uniquement. Les mercredis, weekends et jours fériés d'avril à juin puis tous les jours en juillet et août. 1 jeton : 2€, 6 jetons : 10€, 14 jetons : 20€.

D'arbre en arbre

Dans certaines forêts, des parcours acrobatiques permettent aux plus d'1m25 de se déplacer dans les arbres en toute sécurité, bien accrochés avec un harnais. Saurez-vous franchir les passerelles, glisser dans les tonneaux, garder l'équilibre sur les ponts et rondins suspendus, sortir des filets et glisser le long d'une tyrolienne ?

Ps : Une ligne de vie continue assure une sécurité maximale puisque les petits ouistitis sont attachés du début à la fin du parcours et ne peuvent pas se décrocher. Harnais, longes, mousquetons, poulies, casques. Prévoir une tenue de sport.

▶ ANGLET

Territoires d'aventures Evolution 2

Au coeur de la pinède de Chiberta, cinq parcours permettent d'évoluer d'arbre en arbre, dès 2 ans.

130 av. de l'Adour, www.evolution2-paysbasque.com, tél. : 05 59 42 03 06. Parcours Mini Castors (2-5ans) : 5€, parcours Castors (5-7ans) : 11€, parcours Super Castors (7-10ans) : 16€, deux autres parcours pour les plus grands.

▶ SAINT-PÉE-SUR-NIVELLE

Territoires d'aventures Evolution 2

Dans la forêt de chênes centenaires qui surplombe le lac aux eaux vertes, osez le parcours d'initiation adapté aux enfants dès 5 ans ou, pour les plus motivés de plus

Dans le parc acrobatique d'Urrugne - © Parc Oihana

de 30 kg, le parcours aérien avec tyrolienne géante de 600m !

Lac de Saint-Pée-sur-Nivelle, Route de Cambo, tél. : 09 81 19 30 90, www.evolution2-paysbasque.com. Parcours Castors (5–10ans) : 10€, parcours Super Castors (7–10ans) : 15€, parcours Crockett (1m35, 10 ans) : 20€, parcours Crockett et tyrolienne infernale : 30€.

► URRUGNE
Parc Oihana

D'arbre en arbre, les enfants dès 4 ans peuvent parcourir les branches au coeur d'une magnifique forêt de pins. En tout, il y a 106 ateliers répartis sur 7 niveaux. De nouveaux mousquetons intelligents, rendent le décrochage accidentel impossible, tous les parcours sont 100% sécurisés.

Route de la Glacière, www.oihana-64.com, tél. 06 03 40 52 31. Parcours enfant dès 4 ans : 15€, parcours famille dès 6 ans : 18€, parcours adulte dès 10 ans : 24€. Ouvert d'avril à octobre, mercredi, samedi et dimanche hors vacances scolaires et tous les jours pendant les vacances.

► LABENNE-OCEAN (Landes)
Parc Robinson

Entre les pins des Landes se cachent 14 parcours dont 9 accessibles dès 6 ans et un mini parcours pour les 3 à 6 ans. Ici, l'entrée donne le droit à un accès illimité durant 4 heures. Il y a une aire de pique-nique sur place et, juste à côté, un mini-golf et un double trampoline.

Route de la plage, www.parc-robinson.fr, tél. : 06 30 36 43 25. Mini-parcours : 8€. Enfant : 12€, adolescent : 16€, adulte : 20€. Ouvert de Pâques à Toussaint.

On saute !

► ANGLET
Jump Airbag

Prêt à sauter ? Le matelas airbag est un immense coussin gonflable de 100 m2 qui amorti votre chute. Il y a deux zones de départ : une à 5m pour les plus de 7 ans, et l'autre à 12m pour les plus de 10 ans.

Forêt de Chiberta, www.evolution2-paysbasque.com, tél. : 09 81 19 30 90. Deux sauts : 5€, cinq sauts : 10€

► MENDIONDE
Trampo-élastique ♥

À la base de loisirs du Baïgura, les enfants dès 4-5 ans peuvent sauter, bien attachés à un harnais, pendant 10 minutes.

Route de Louhossoa, www.baigura.com, tél. : 05 59 37 69 05. Tarif : 5€.

On escalade !

Emotion, jeu, progression, technicité, découverte d'un nouvel espace… l'escalade offre des sensations fortes et permet, aux 6 ans et plus, de mieux se connaître soi-même, dans un environnement calme. Compter 25 à 30€ l'activité de 1h30-2h.

► ITXASSOU
Evasion 64

Initiation à l'escalade sur une paroi naturelle, en bordure de Nive, à 500m de la base de loisirs.

Evasion 64, Maison Errola, quartier Errobi, tél. : 05 59 29 31 69, www.evasion64.fr

► ESPELETTE
Ekilibre

Escalade en moulinette, apprentissage des techniques de sécurité, sensibilisation au milieu naturel, jeux pédagogiques, rappel de 20 m, avec Virginie Faure. Ekilibre propose aussi des descentes de canyon pour toute la famille. Sauts, nage, toboggans, jeux aquatiques, marche, plongeons, toboggans…

Ekilibre, canyoning-paysbasque.fr, tél : 06 83 11 52 53

On dévale !

Vous connaissez la trottinette tout terrain ? Pour descendre les meilleures pentes du Pays basque, les grands de plus de 12 ans ou plus d'1m40 peuvent enfourcher une trottinette tout terrain. Plus stable que le V.T.T, elle permet de franchir tous les types de terrains avec facilité. Envie d'essayer ? Des moniteurs encadrent cette activité. Compter entre 25 et 32€ pour une randonnée d'1h-1h30.

On descend le col d'Ibardin, avec Pays basque découverte (Uhadia, Quartier Amotz, route de Sare, www.paysbasque-decouverte.com, tél. : 06 19 77 22 00. Départ de la base nautique ou directement sur l'un des sites de descente), on descend le Baïgura depuis la base de Loisirs de Mendionde (route de Louhossoa, www.baigura.com, tél. : 06 08 88 28 11), on descend le col d'Otxondo avec Loisirs64 (ZI Porte du Labourd, route D918 à Louhossoa, tél. : 05 59 93 35 65, www.loisirs64.com. Départ d'Urdax, de l'autre côté de la frontière).

On vole !

▶ SAINT-PÉE-SUR-NIVELLE
Tyrolienne infernale

Les jeunes aventuriers de plus de 30 kg peuvent glisser, le long d'un câble de 600m, au-dessus du lac, à la vitesse de 100 km/h! La sensation est proche d'un vol en parapente ou deltaplane.

Lac de St-Pée-sur-Nivelle, Route de Cambo, tél. : 05 59 85 89 47, www.evolution2-paysbasque.com. Une descente : 19€, en position assise : 10€ par personne.

On accélère !

▶ BRISCOUS
Karting

Pour les plus de 9 ans et d'1m35 qui aiment la vitesse, montez dans un kart enfant et rendez-vous sur le circuit adulte, uniquement le matin et s'il fait beau.

A 64 sortie 4 Urt, échangeur de Séquillon, tél. : 05 59 56 28 27 ou 06 80 87 87 35, www.karting-briscous.com. Ouvert tous les jours en juillet et août. Kart enfant : 14€ les 10 min.

En plein air !

Gabriel dans les airs ! - © CV

Vivement l'hiver !

La montagne en hiver, c'est super ! Surtout quand les stations ont tout prévu pour les enfants ! Comment en profiter ?

- Dans les stations, il y a toujours des aires d'apprentissage pour les enfants.
- Pour les tout-petits, de 3 mois à 6 ans, il existe des halte-garderies.
- Pour débuter la glisse ou se perfectionner, à partir de 4 ans, il y a les écoles de ski.
- Côté tarif, il y a des forfaits famille (2 adultes + 2 enfants) et c'est gratuit pour les moins de 5 ans.
- À partir de 6 ans, on peut faire une balade en raquettes.
- Il y a des animations dans les stations tout au long de la saison.

Nos stations préférées

▶ IRATY ♥

On aime cette petite station familiale, simple et conviviale, à 1h30 de la côte (30 km de Saint-Jean-Pied-de-port). Il y a trois pistes de ski de fond et quatre pistes de raquettes. On peut faire de la luge (à partir de 5€), une balade en raquettes (à partir de 3€) ou du ski de fond (à partir de 4€). Pass pour une journée (4 ou 6,50€). Il existe aussi un village de chalets où l'on peut séjourner en famille, au calme, au coeur de la grande forêt de hêtres.
+ d'infos : www.chalets-iraty.com, tél. : 05 59 28 51 29

▶ LA PIERRE SAINT MARTIN

◠ Pour la glisse, il y a l'école du ski français (ESF La Pierre-St-Martin, tél. : 05 59 66 21 86). Le Club des Piou-piou accueille les 3-5 ans pour découvrir la glisse en s'amusant. À partir de 6 ans, vous pouvez choisir des cours collectifs ou individuels.

◠ Pour se faire des copains, la garderie des Oursons accueille les enfants de 3 mois à 5 ans (tél. : 05 59 66 20 09, pensez à réserver). Pour les 6-12 ans, le mini-club propose plein de surprises et d'animations (tél. : 05 59 66 20 09).

QUELQUES CONSEILS...

- Renseignez-vous sur la météo et sur le parcours
- Soyez bien équipés !
- Suivez les sentiers balisés, évitez les raccourcis douteux
- Respectez la nature, ne faites pas de feu, ne jetez pas de détritus...
- Le port du casque est vivement recommandé par nos professionnels.

Toutes les infos sur www.neige64.com

Original : la piste de tubbing (des luges un peu spéciales), la descente aux flambeaux des enfants pendant les vacances, des balades en chiens de traîneaux (tél. : 06 59 09 99 46), des promenades en raquettes dans la forêt de Braca, avec un animateur nature à partir de 4 ans, des constructions d'igloo...

Station Handiski : L'association *La Pierre Handis Pyrénées,* labelisée *Tourisme et Handicap* et *Sports et handicaps,* propose plusieurs équipements spécifiques : un *espace handimontagnes* adapté, du matériel pour tous les âges et tous les handicaps, un club Handisport de montagne FFH, des cours de ski et des balades adaptées (tél. : 06 85 60 51 14, www.lapierrehandiski.com)
+ d'infos : www.lapierrestmartin.com, tél. : 05 59 66 20 09

▶ GOURETTE

Dans cette petite station familiale, le secteur débutant est le plus important des Pyrénées. Pour apprendre en douceur tout en s'amusant, rendez-vous au *Happy place,* accessible en 3 minutes par une télécabine. Ici, on peut faire du *snake-gliss,* un train de luges piloté par un guide, de la luge, construire un igloo, monter dans une dameuse, participer aux sorties *petits trappeurs...* Pour apprendre à skier, direction l'école du ski français. (www.esf-gourette. com, tél. : 05 59 05 10 20).
+ d'infos : www.gourette.com, tél. : 05 59 05 12 17

▶ ARTOUSTE

Dans cette station de la vallée d'Ossau, il y a un Kid Park, situé en haut de la télécabine, pour apprendre à skier (ESF Artouste-Fabreges, tél. : 06 66 97 04 07), faire de la luge et jouer avec la neige. On peut aussi participer à des *rando raquettes* en famille pour apprendre à reconnaître les empreintes des animaux.
+ d'infos : www.ossau-pyrenees.com, tél. : 05 59 05 31 41

En plein air !

Les joies des descentes en luge ! - © CV

Randonnées en vallée d'Ossau

Avec ses paysages de haute montagne, ses grands sommets, ses cirques glaciaires, sa succession de lacs et de torrents, la vallée d'Ossau, dominée par le majestueux Pic du Midi, est un espace extraordinaire pour les amateurs de nature et de balades. Le site *www.rando64.com* propose plusieurs fiches itinéraires à télécharger où les enfants peuvent apprendre à reconnaître des fleurs, des oiseaux, des traces... Nos coups de coeur ? Les promenades vers des refuges de haute montagne, comme celui d'Arremoulit auquel on accède en partie par le petit train d'Artouste (1h30 de balade) et celui de Pombie au pied du Pic du Midi d'Ossau.

Trois idées de balades en famille

▶ géocaching en vallée d'Aspe

Dans cette chasse au trésor hightech, il faut trouver une cache en fonction de sa position géographique, à l'aide d'un GPS. Règle d'or : échanger le trésor que l'on souhaite garder par un nouveau. Le coffre (petite boîte en plastique) ne doit jamais être vide, ni déplacé. L'office de tourisme de la vallée d'Aspe prête, en échange de 5€, le matériel nécessaire à cette chasse au trésor (GPS, guide explicatif du parcours et de l'utilisation du GPS).
www.tourisme-aspe.com, tél. : 05 59 34 57 57

▶ balade accompagnée

En Béarn des Gaves, les familles peuvent faire un séjour original et très sympa, de ferme en ferme, avec un pottok.
www.tourisme-bearn-gaves.com, tél. : 05 59 38 32 82

▶ le Slackline tour

Cette activité, inventée dans la vallée de Yosemite par les grimpeurs en mal de distraction, débarque en vallée d'Aspe. À vos sangles, prêts, partez ! Vous pouvez désormais jouer au funambule, louer une corde et l'accrocher en des points dédiés, à proximité des sites à ne pas manquer.
www.tourisme-aspe.com, tél. : 05 59 34 57 57

Un séjour en pays de Nay

Au sud-est de Pau, vous pouvez mener une enquête de la FBI (la Force Béarnaise d'investigation), vous détendre à Nayéo où l'on patauge, on nage, on glisse et on se prélasse en famille, faire la connaissance du nouveau tigre blanc Radja, dernier arrivant au Zoo d'Asson - l'arche exotique (conservatoire de divers animaux menacés, il rassemble 500 espèces de mammifères et oiseaux des cinq continents), monter à cheval à Montaut, profiter du lac aménagé de Baudreix, etc.
Office de tourisme du Pays de Nay, tél. : 05 59 13 94 99, www.tourisme-bearn-paysdenay.com

De branche en branche

▶ L'Aventure Parc d'Aramits, à 15 min. d'Oloron-Sainte-Marie, invite les enfants dès 4 ans sur un parcours d'équilibre, 122 jeux dans les arbres, des tyroliennes...
www.aventure-parc.fr, tél. : 05 59 34 64 79 ou 06 76 74 21 39.

▶ La forêt suspendue, dans la forêt du Gourzy, aux Eaux-Bonnes Gourette, est un parc acrobatique avec 70 jeux aériens.
tél. : 06 89 87 26 66, www.foretsuspendue.com

▶ À Bosdarros, rendez-vous à Vert Voltige, dans la forêt de Gerbanères
tél. : 05 59 21 68 11, www.vertvoltige.com

La salade de fleurs by

Ingrédients

- une salade verte bien lavée
- des pâquerettes
- des pissenlits
- des pétales de rose
- du trèfle
- des pensées
- fleur de ciboulette
- vinaigrette

Sais-tu que certaines fleurs sont comestibles ? Tu peux en manger en les lavant bien, mais attention certaines fleurs sont aussi très toxiques alors pour cette recette surtout choisi bien parmi les fleurs proposées ! Et si tu as un doute, tu vas demander conseil à un pharmacien.

- Après avoir cueilli tes fleurs, lave les délicatement et longuement dans un bol d'eau claire.
- Dépose-les sur un morceau d'essuie-tout afin de les sécher.
- Dans un joli plat dépose tes feuilles de salade verte assaisonnées avec la vinaigrette.
- Dispose dessus tes jolies fleurs !

Les recettes Sweety Papilles sont imaginées par Emeline qui propose des cours de pâtisserie pour enfants.
+ d'infos : www.facebook.com/sweetypapilles

Peintures à numéros,
Bracelets,
Perles,
Bijoux,
Modelage,
Sables colorés,
Gouache,
Activités manuelles,
Et bien plus encore !!!

Osez l'esprit créatif!

900 m² dédiés aux activités manuelles et artistiques :
Beaux-arts - Encadrements - Loisirs créatifs - Espaces enfants - Librairie spécialisée - Laminage - Impression numérique
Galerie des Arènes - Le Forum - Bayonne
05 59 57 03 05 - www.arteis64.fr

arteis
l'esprit créatif

all art
BAYONNE

CHAPITRE 4 :
QUE FAIRE
QUAND IL PLEUT

avec des enfants **?**

Il pleut...

L'escapade
en Béarn
p. 82

La recette
Sweety Papilles
p. 83

Bien à l'abri, on s'amuse !

PATINOIRE

▶ **ANGLET** ♥

À deux pas de la plage, cette patinoire possède une très belle piste. On peut y pratiquer le patinage artistique et le hockey sur glace, mais aussi, tout simplement, passer un super moment à glisser en famille. Avec les plus petits, allez-y le dimanche matin de 9h à 11h pour profiter du jardin d'enfants, un périmètre sécurisé, avec des petites chaises pour les premiers pas et des jeux. 299 av. de l'Adour, tél. 05 59 57 17 30, www.anglet.fr. Ouvert toute l'année sauf un mois de fin mai à fin juin. Entrée patineur : 4€, visiteur : 2€, location patins : 3€ (plus petite pointure : 23). Tarif réduit en période hiver, le dimanche matin.

BOWLING

Strike ? Spare ? Rigole ? A partir de 6 ans, venez jouer avec des boules légères. Astucieux : pour les enfants, une glissière, appelée *bumper*, se lève et guide la boule jusqu'aux quilles sans qu'elle puisse tomber dans les rigoles ! Il faut lancer la boule une vingtaine de fois pour terminer la partie. Tarif : 4€, 5,20€ ou 6,90€ la partie (location de chaussures inclus) selon les jours et les heures. Les bowlings sont ouverts tous les jours de l'année. Vous pouvez aussi fêter les anniversaires ici.

Où jouer au bowling ? À Anglet, au Bowlingstar (1 allée du Cadran, zone du Busquet, tél. : 05 59 31 21 11, www.bowlingstar.fr) et à Bayonne, au Bowlingstar (Allée de Glain, www.bowlingstar.fr, tél. : 05 59 03 24 60).

NOUVEAU **Les journées "bowl d'air".** Depuis l'été 2014, les 6 - 13 ans pourront passer une journée entière au bowling, de 9h à 17h, encadrés par un animateur. Au programme : parties de bowling, ateliers créatifs, gonflables, initiation au billard. Tarif : 20€ la journée, 85€ la semaine.

PISCINES

Même s'il pleut, vous pouvez aller batifoler dans l'eau. Direction la piscine ! Regardez la liste pages 39-40. Vous pouvez aussi aller dans les centres de thalasso ou de balnéo de la région... Humm, profiter d'une eau à plus de 30° quand la pluie tombe dehors, c'est le pied ! Regardez page 42.

PARCS DE JEUX

C'est l'occasion de sauter, grimper, glisser, rire et galoper dans les structures gonflables, les parcours acrobatiques, les toboggans, les tyroliennes, les ponts de singe, les trampolines et les piscines à balles ! Dans chaque structure, on retrouve un espace réservé aux moins de trois ans (jeux à bascule, tableaux d'éveil, boudins, accessoires ludiques…), un espace détente pour les parents (magazines, journaux, wifi), un coin restauration et un espace anniversaire. Attention : les enfants sont sous la surveillance des parents ou des accompagnants et le port des chaussettes est obligatoire. À partir de 4€ pour les enfants. Gratuit pour les accompagnants.

▶ ARBERATS-SILLEGUE

NOUVEAU Ttikiland

C'est le premier parc de jeux couvert en Pays basque intérieur ! Près de Saint-Palais, il dispose d'une structure composée d'un grand toboggan spirale, de deux tours de grimpe en triangle et en sangles, d'un pont jungle, d'une plateforme rocher, etc. Il y a aussi une mini discothèque, un baby-foot, des jeux de société et des ateliers créatifs (bonbons, maquillage).
Zone Artisanale Petxonia, proche de Lur Berri, route de Sauveterre, tél. : 05 59 09 45 29, www.ttikiland.com. Ouvert toute l'année. Tarif : 5 à 10€ pour les enfants, 4 à 9€ pour les familles nombreuses.

▶ SAINT JEAN DE LUZ

Luziparc

Plus de 600 m2 d'espaces clos et sécurisés pour jouer, apprendre, s'éveiller et construire sans limite. Suivez Luzi dans ses chorégraphies, deux fois par jour, il fait danser petits et grands sur la piste de danse !
ZA de Jalday, 12 rue de l'industrie, tél. : 05 59 23 19 74, www.luziparc.com. Ouvert toute l'année (mercredi, samedi, dimanche, vacances scolaires et jours fériés) de 10h à 19h. Tarif : 4 ou 6€ pour les moins de 3 ans, 7 ou 9€ pour les moins de 12 ans.

▶ TARNOS PLAGE

Planète'n kids ♥

Dans cet immense parc de jeux de 1600m², les 1 à 4 ans s'amusent au baby Park, les plus grands grimpent et jouent sur une structure de trois étages, et ceux qui aiment sauter se régalent dans la plus grande surface gonflable de la région (montagne molle, planches de wind-surf et baleine).
Avenue du 1er Mai - Zone Commerciale Lahoun, tél. : 05 59 64 52 77, www.planetenkids.fr. Ouvert toute l'année le mercredi, samedi et dimanche, et tous les jours pendant les vacances. Tarif : de 6 à 10€.

On s'amuse bien dans les parcs de jeux couverts ! - © DR

SKATEPARK

▶ BIARRITZ

Skatepark Biarritz

Vous voulez vous entraîner à faire des figures ? Apprendre ou vous perfectionner lors d'un stage de skate pendant les vacances scolaires ? Vous pouvez aller au skatepark couvert de la Zone industrielle de la Négresse. Un nouvel espace, en construction, devrait ouvrir en 2015.

33 bis allée du Moura, www.skateparkalai.com, tél. : 05 59 23 53 15. Ouvert les après-midi, du mercredi au dimanche. Tarif : 5€ pour une durée illimitée, prêt du casque inclus. Pour les stages : 15€ l'heure et 100€ le stage de 4 jours.

LUDOTHEQUES

Vous aimez jouer ? Jeu de l'oie et des petits chevaux, jeux géants, jonglerie, jeux de cartes et de stratégie, jeux de chiffres et de lettres, jeux de coopération, de manipulation, de construction ou d'encastrement, Kapla, Légo, Duplo… En bois ou en plastique, il y a des centaines et des centaines de jeux pour tous les goûts, tous les âges. Toute l'année, vous pouvez passer un moment convivial en jouant en famille, dans les ludothèques, à différents créneaux horaires de la semaine, mais aussi emporter les jeux chez vous ! Les ludothèques organisent "la fête du jeu" en mai et sont présentent à diverses manifestations jeune public tout au long de l'année.

Où jouer dans les ludothèques ?

À Bayonne, à la Ludothèque du patronage laïque des petits bayonnais (18 rue Sainte-Catherine, tél. : 05 59 55 51 96, ludotheque-bayonne.fr. Fermé l'été) et à Biarritz, à la Ludo 64 (tél. : 06 68 41 19 75, laludo64@free.fr)

CINEMA

Des comédies familiales et des dessins animés, souvent en 3D, sont diffusés dans les cinémas du Pays basque. Nouveau : pour les cinémas participants, en 2014, la séance pour les moins de 14 ans est à 4€ tous les jours, toutes les séances, tous les films !

Où aller au cinéma ?

À Anglet, Monciné ♥ (rue des Barthes, RD810 Le Busquet, tél. : 0892 686606, www.moncine-anglet.com).

À Bayonne, Mega CGR Centre (allée de Glain, tél. : 05 59 59 90 90, www.cgrcinemas.fr) mais aussi aux cinémas L'Atalante et l'Autre cinéma pour la sélection "toile en famille" (L'Atalante, 7 rue D. Etcheverry, tél. : 05 59 55 76 63 et L'Autre Cinéma, 3 quai Sala, tél. : 05 59 55 52 98, www.cinema-atalante.org).

À Biarritz, cinéma Le Royal (8 avenue Foch, www.royal-biarritz.com, tél. : 05 59 24 45 62).

À St-Jean-de-Luz, cinéma Le Select (29 boulevard Victor Hugo, www.cineluz.fr, tél. : 05 59 85 80 81).

À Cambo-les-bains, cinéma L'Aiglon (1 rue du Dr Chatard, www.moncine.fr, tél. : 05 59 29 95 07).

À Hasparren, cinéma Haritz Barne (7 rue Jats, derrière la caserne des pompiers, tél. : 05 59 29 18 63, www.moncine.fr)

À Urrugne, cinéma Itsas Mendi La corderie (29 rue Bernard de Coral, tél. : 05 59 24 37 45, cinemalacorderie.wordpress.com).

À Hendaye, cinéma Les Variétés (Salle Paul Grimault, 12 rue du Théâtre, www.hendayecinema.net, tél. : 05 59 20 61 18)

À Saint-Palais, cinéma Saint Louis (rue du fronton, www.moncine.fr, tél. : 05 59 65 74 20

À Saint-Jean-Pied-de-port, cinéma Le Vauban Zine gela (4 rue Renaud Karrika, tél. : 05 59 37 06 04, www.moncine.fr

Nos trois bons plans ciné

➳→ **Une toile à la belle étoile !**
Profitez des séances de cinéma en plein air et gratuites en juillet et août à la tombée de la nuit, il y a toujours un dessin animé ou une comédie familiale dans la

programmation. Cin'étoiles passe dans les villages du Pays basque et du Béarn (infos et programme : www.cg64.fr), les jeudis ciné de Bayonne ont lieu à différents endroits de la ville, le jeudi (www.bayonne.fr)

➳ Le **Txiki Festival** ♥

Ce festival du film pour enfants a lieu à Biarritz, en octobre. Trois jours de projections, animations et débats à hauteur d'enfants.

+ d'infos : txikifestival.com

➳ **L'écran buissonnier**

Cette très intéressante sélection de films d'auteur est destinée aux enfants dès 2-3 ans. Une douzaine de films (en numérique, pâte à modeler, marionnettes, dessins…) sont choisis pour leur qualité et sont diffusés dans les cinémas participants. Au Pays basque : Cambo-les-Bains, Hasparren, Hendaye, Saint-Jean-de-Luz, Saint-Jean-Pied-de-Port et Saint-Palais.

+ d'infos : www.moncine.fr

SCIENCES

▶ **BIARRITZ**
Les petits débrouillards

Pour apprendre la science en s'amusant, découvrez les expériences incroyables de l'association "Les petits débrouillards", au parc Mazon. Elle propose un "Club des explorateurs" le mercredi de l'année scolaire, des rendez-vous "Sciences après la plage" l'été et participe à de nombreux événements jeune public (fête du jeu, journée des enfants, fête de la science…)

14 avenue de la République, tél. : 05 59 41 13 01, www.lespetitsdebrouillardsaquitaine.org

▶ **CAMBO-LES-BAINS**
La Forge des Savoirs

Christophe organise des ateliers "arts et sciences" pendant les vacances et un atelier de création multimédia le vendredi, après l'école. La Forge des Savoirs est membre du collectif Karaban'Art.

Maison Burlaztegia , 47 route de Cambo, tél. : 06 10 69 68 73, www.karabanart.org

Le plaisir de jouer ensemble - © DR

Il pleut...

On se prend pour de grands artistes

CIRQUE

Tenir en équilibre sur une boule ou sur un fil, jongler avec des balles ou des foulards, faire des acrobaties, voilà le défi ! Le cirque est une activité complète : maîtrise des mouvements, équilibre, adresse, agilité, confiance en soi, esprit d'équipe... qui convient aux enfants dès 3 ans. Deux écoles enseignent le cirque à l'année et organisent des stages de 3, 4 ou 5 jours d'initiation au cirque, pendant les vacances scolaires (à partir de 55€). Vous pouvez aussi fêter votre anniversaire au cirque.

Où faire du cirque ? À Bayonne, à l'école de cirque Oreka (3 rue Albert Thomas, tél. : 05 59 59 53 92, orekazirkoa.free.fr) **et à Biarritz, à l'école de cirque Ballabulle** (25 allée du Moura, tél. 05 59 52 19 62 ou 06 14 97 10 84, www.wix.com/ballabulle/ecoledecirquebiarritz)

THEATRE

À partir de 7 ans, découvrez le théâtre, les expressions du visage et du corps, le plaisir de la scène, pendant l'année ou en stage découverte pendant les vacances !
À Bayonne : L'Atelier de Marc (tél. : 06 60 20 22 34), **Mecanica théâtre** (tél. : 06 09 73 02 54)... À Biarritz : Le Théâtre des Chimères (tél. : 05 59 41 18 19), **le Théâtre du Versant** (tél. : 05 59 23 02 30), **le Théâtre du Rideau Rouge** (tél. : 05 59 23 97 07)... À Saint-Jean-de-Luz : Le Théâtre du Rivage (tél. : 05 59 23 67 70). À Louhossoa : Le petit théâtre de pain (tél. : 05 59 93 01 45).

ALLER AU SPECTACLE !

Les petits sont gâtés ici ! Des spectacles jeune public, souvent de très grande qualité, sont donnés tout au long de l'année ou lors de festivals. Théâtre d'objets, histoires poétiques, mises en scène drôles et visuelles... les spectacles offrent aux enfants un moment d'émerveillement et de réflexion. Les tarifs sont souvent très accessibles pour les enfants, ça vaut le coup ! Allez voir, régulièrement, la programmation jeune public de :
▶ La salle Quintaou à Anglet : www.anglet.fr
▶ L'agglomération Sud Pays basque : www.agglo-sudpaysbasque.fr/culture
▶ Biarritz culture : www.biarritz-culture.com
▶ Communauté de communes Garazi – Baigorri : www.garazibaigorri.com
▶ MACS - Communauté de communes Maremne Adour Côte Sud : www.cc-macs.org

Découvrir le rythme et les sons, lire des partitions et savoir jouer d'un instrument, c'est vraiment super pour un enfant ! Pour apprendre la musique, il existe de nombreuses associations dans toutes les villes, des classes d'éveil musical mais aussi le Conservatoire Maurice Ravel Côte basque à Bayonne, Biarritz, Saint-Jean-de-Luz et Hendaye (www.orbcb.fr/conservatoire).

▶ BAYONNE
La'croche musicale

Le concept, crée au Canada, débarque au Pays basque ! Nicolas, musicien professionnel, a écrit des chansons originales sur lesquelles les enfants peuvent chanter, danser et jouer à l'aide de percussions et autres petits instruments. Les cours se déroulent en présence des parents, dans une ambiance ludique et éducative. En plus de passer un moment agréable en famille, vous verrez de quoi votre enfant de moins de 5 ans est capable ! Cette activité stimule la motricité et la créativité, apprend le sens du rythme et de différents sons et ouvre aux bienfaits de la musique. Un premier cours est gratuit. Vous pouvez aussi fêter l'anniversaire de vos enfants de 0 à 12 ans ou autres événements en musique ! Ici, les plus de 7 ans peuvent aussi apprendre à jouer de la guitare.

Studio Harmonia, 16 chemin de Sabalce, ZA Les Pontots, direction le Forum Bayonne, tél. : 06 66 61 27 37, lacrochemusicale@gmail.com, horaires et tarifs sur le site www.eveilmusical.fr

DANSE

On peut faire de l'éveil à la danse dès 3 ans et des cours de danse dès 5 ans. Au Pays basque, on est gâtés, on a le choix entre danse basque, classique ou contemporaine, jazz, danse sévillane et flamenco, salsa cubaine, hip hop, rock, cha-cha et Madison, danse orientale, africaine, capoeira et d'autres encore ! La liste des associations et écoles de danse, est longue. N'hésitez pas à vous renseigner auprès de votre mairie. Souvent, un premier cours d'essai est gratuit. Allez, hop, on danse !

Deux événements mettent à l'honneur les enfants et la danse. En mai, **Dantzari Ttiki** rassemble près de 1500 danseurs de moins de 15 ans du Pays basque français (+ d'infos : www.euskaldantza.com). En juillet, le festival international de danse traditionnelle **Gauargi** ♥ à Espelette et Cambo réunit des artistes de 9 à 15 ans venus du monde entier ! (tél. : 06 75 25 15 44, www.gauargi.com)

ATELIERS CRÉATIFS

Dessin, peinture, collage, découpage, modelage, assemblage… Beaucoup de structures, associations et écoles d'art du Pays basque permettent aux petits artistes de connaître des techniques, stimuler leur créativité, leur imagination et créer.

Nos ateliers créatifs préférés

À Bayonne, l'école d'art de l'Agglomération Côte basque - Adour (3 avenue Jean Darrigrand, tél. : 05 59 59 48 41, www.art.agglo-bab.fr), L'enfance de l'art (34 rue Poissonnerie, tél. : 05 59 59 33 17, www.asso-lenfancedelart.com) et L'atelier des Petits Art'istes (tél. : 06 09 49 02 59). À Biarritz, La petite biarrote (74, rue Gambetta, tél. : 06 61 97 15 38) et Question d'Art (AEL, 7 rue Gardères, tél. : 06 27 87 03 26 ou 06 84 77 36 74, cours à partir de 4 ans). À Saint-Jean-de-Luz, les ateliers ZIG ZAG Fabrik (4 rue du 14 juillet, tél. : 06 19 77 35 72). À Saint-Pée-sur-Nivelle, On'Art (Maison Oihartzuna, tél. : 06 33 69 75 98).

Atelier poterie

À côté de Saint-Jean-Pied-de-Port, Élodie François, céramiste, propose des stages de

L'atelier street art de Delwood - © CV

modelage pour les enfants pendant les vacances scolaires, le mardi après-midi. Les petits artistes transforment la terre en bol, vase, animal ou boîte à secret…
Maison Laustania à Ispoure, elodiefrancois.jimdo.com, tél. : 06 45 65 58 80. Tarif : 14 ou 16€ la séance de 2h ou 2h30, goûter offert.

Peinture en musique
L'artiste peintre Franck Cazenave organise des stages où les enfants laissent leur imagination danser et peignent sur les rythmes et les mélodies de la musique (tél. : 06 09 35 77 82, franck-cazenave.com, à partir de 30€).

Street art
Aurélien Delwood propose des stages "fresque", "numérique", "recycle art" et "street art" aux 8-15 ans aux Serres de la Milady. Création d'un camion Graffiti ou d'une œuvre numérique, atelier fresque mural ou mobilier urbain, à vos pochoirs, souris, bombes et posca ! "Delwood art et jeunesse" intervient dans tout le Pays basque. (Aurélien Delwood, tél. : 06 80 01 28 25, artetjeunesse.blogspot.fr, à partir de 20€)

Dans les musées
➤ À Biarritz, le Musée Asiatica ♥ invite les plus de 6 ans à découvrir l'art asiatique puis réaliser des dessins, peintures, masques ou bijoux (1 rue Guy Petit, tél. : 05 59 22 78 78, www.museeasiatica.com. Ateliers de 2h pendant les vacances, sur inscription : 5€)

➤ À Biarritz, pendant les vacances, le musée de la mer propose aux petites mains de 4 à 12 ans d'assister au repas des phoques puis dessiner, créer, colorier, découper lors d'un atelier créatif (1h30, 15€). À la Cité de l'Océan, les plus curieux apprennent en s'amusant, aux ateliers ludo-scientifiques (1h30, 15€).

➤ Les plus gourmands vont au Planète Musée Chocolat à Biarritz et au Parcours-découverte de l'Atelier du Bayonne pour peindre en chocolat ! Voir page 17-18.

À la maison
Le magasin de loisirs créatifs Artéis, à Bayonne, met à disposition tout le matériel nécessaire aux activités manuelles des filles et des garçons. À côté des classiques crayons, peintures et pâtes à modeler, on retrouve aussi des mosaïques en papier, du sable coloré, des puzzles créatifs, des perles et élastiques pour des bracelets, etc. Il y a même des idées de loisirs créatifs adaptés aux tout-petits dès un an. Pendant l'année scolaire, les enfants peuvent aussi profiter des ateliers d'activités manuelles le mercredi après-midi.
ZA Donzacq, Avenue de la Légion Tchèque, tél. : 05 59 57 03 05, www.arteis-bayonne.fr

CUISINE

➤ BAYONNE
Plancha et cuisine academy
Forge Adour propose des ateliers "txiki gourmand" pour les enfants pendant les vacances scolaires. Avec le chef Zacarias Estar, les 6 - 10 ans confectionnent deux pâtisseries (cours de 1h30, tarif : 15€) et les 11 - 16 ans s'initient aux plaisirs de la plancha en préparant un salé et un sucré (cours de 2h, tarif : 22€).
Forge Adour, 66 avenue du 8 mai 1945, tél. : 05 59 42 42 38, www.forgeadour.fr

➤ TARNOS
L'Atelier culinaire et vous
Les mercredis et les vacances scolaires, les 7-12 ans peuvent participer aux ateliers "petites toques" (cours de 1h30, tarif : 20€) et aux stages "petits chefs" (cours de 2h30, tarif : 36€). Pour des recettes gourmandes et ludiques ou des menus trois plats, à vos spatules petits marmitons ! Vous pouvez aussi particper à des cours parents-enfants et fêter les anniversaires.
6 impasse de Conseillé, tél. : 05 59 03 27 82, www.coursdecuisine-latelierculinaireetvous.com

Il pleut...

Bien à l'abri, on apprend !

MUSÉES

▶ BAYONNE

Musée basque et de l'histoire de Bayonne

Il rassemble plus de 50 000 objets et oeuvres d'art autour des traditions des basques, leur histoire, leur façon de jouer à la pelote, de danser, de cuisiner ou de faire de la musique. Pour visiter de façon amusante, un jeu de 7 familles (gratuit) est disponible et des ateliers, ludiques ou créatifs, en français ou en basque, sont organisés (gratuit). Pour les petits groupes de 2-5 ans : animations "Sage comme un tableau mais au rythme du fandango" (danse basque, déguisement), "Etxean - à la maison" (vie de la ferme, photos, jeux), "flip flop la Tilhole" (thème du bateau, maquettes), "Au musée, une étoile s'est posée" (les décors sur les mobiliers en bois, jeux), "Zamalzain" (costume du danseur souletin, déguisement). Pour les 6-14 ans, jeu de piste "Désordre au musée" (gratuit). Autres animations pendant les fêtes de Bayonne, La Semaine de la petite enfance, etc.

37 quai des Corsaires, www.musee-basque.com, tél. : 05 59 59 08 98. Ouvert tout l'année. Gratuit pour les moins de 26 ans et le premier dimanche de chaque mois, 6,50€ pour les adultes.

▶ BIARRITZ

Musée de la mer Aquarium ♥

Véritable invitation au voyage, le nouveau parcours du Musée de la Mer remonte le Gulf Stream pour une découverte des fonds marins du golfe de Gascogne jusqu'aux mers des Caraïbes et d'Indo-Pacifique ! Un spectacle éblouissant : les seuls requins-marteaux en France présentés dans un bassin géant de 1500 m3. Emerveillez-vous devant la vie des récifs coralliens : poissons clowns, anémones, murènes ainsi qu'une multitude de poissons aux couleurs originales et aux formes improbables… Vous pouvez aussi frôler une anémone et caresser une étoile de mer dans le bassin tactile et assister au repas des phoques tous les jours à 10h30 et 17h.

Esplanade du rocher de la vierge, tél. : 05 59 22 75 40. Ouvert toute l'année. Nocturnes en été. Horaires et tarifs sur www.museedelamer.com. Possibilité de billet combiné avec la Cité de l'océan.

Cité de l'Océan ♥

Aux abords de la plage de la Milady, la Cité de l'Océan est un musée ludo-scientifique captivant. Vous devenez acteur de vos découvertes et embarquez pour des expériences inédites et surprenantes : dispositifs ludiques et interactifs, animations 3D… Observez, écoutez, vivez ! Ici, vous pouvez descendre dans les profondeurs abyssales du Gouf de Capbreton à bord du bathyscaphe, entrer dans la base polaire et découvrir les épopées fascinantes des explorateurs, taquiner Archie, le calmar géant, capter les confidences de Christophe Colomb…

1 av. de la plage, tél. : 05 59 22 75 40. Ouvert toute l'année. Nocturnes en été. Horaires et tarifs sur www.citedelocean.com. Possibilité de billet combiné avec le Musée de la mer.

Musée Asiatica

Faites connaissance avec Ganesh, l'enfant ventru à tête d'éléphant, Krishna et Bouddha. À partir de 8-10 ans, visitez ce musée avec le livret-découverte rempli de questions d'observation et de jeux. Pendant les vacances scolaires, l'après-midi, des ateliers créatifs (masques, dessins, bijoux) sont proposés aux 6 - 14 ans.

1 rue Guy Petit, www.museeasiatica.com, tél. : 05 59 22 78 78. Ouvert tous les jours. Gratuit jusqu'à 8 ans, 8-12 ans : 2€, 13-25 ans : 8€, adultes : 10€, audio-guide : 5€, ateliers créatifs : 5€

▶ HENDAYE
Château d'Abbadia

Voilà un drôle de château avec ses statues d'animaux fantastiques, ses tours crénelées comme un château-fort, son observatoire, ses fresques et sa vue magnifique sur la Corniche et l'océan ! Ce chef d'oeuvre d'Eugène Viollet le Duc a été construit il y a exactement 150 ans. En famille, visitez le château (visite libre ou guidée), demandez le jeu de piste pour les 6-10 ans (il faut aider Nilo le crocodile à reconstituer une phrase mystère) et participez aux animations (initiation à l'astronomie, contes, ateliers scientifiques, calligraphie, concerts…). Tout le programme sur le site.

Route de la Corniche, www.chateau-abbadia.fr, tél. : 05 59 20 04 51. Ouvert toute l'année. Tarif : gratuit jusqu'à 5 ans, tarif famille à partir de 17€.

Les autres musées sympas en famille :

L'atelier du chocolat à Bayonne (p.17), Planète musée chocolat à Biarritz (p.17), la Maison du miel et de l'abeille à Cambo-les-bains (p.16), le musée du gâteau basque à Sare (p.17), l'écomusée basque à Saint-Jean-de-Luz (itinéraire-spectacle d'une heure avec dix scènes animées en son et lumière, RN10, tél. : 05 59 51 33 23, www.jean-vier.com, tarif famille à 18€), l'écomusée Pilotari, de la pelote basque et du xistera (office de tourisme, place du fronton, tél. : 05 59 54 11 69, www.saint-pee-sur-nivelle.com. Gratuit pour les moins de 12 ans, 12-18 ans : 2,5€, adultes : 5€).

Il pleut...

Sous l'eau, des couleurs et des formes improbables - © Musée de la mer

BIBLIOTHEQUES

Les bibliothèques et les médiathèques offrent de superbes moments de lectures, de rêves et de découvertes. En plus d'emprunter des ouvrages, les petits curieux peuvent écouter des contes et des comptines, participer à des ateliers créatifs et des spectacles, voir des expos très sympas, etc. C'est gratuit, profitez-en !

▶ BAYONNE
Médiathèque centre ville
Bibliothèque de Sainte Croix

Plongez dans les rayons jeunesse de ces deux bibliothèques qui proposent aussi des animations tout au long de l'année : des contes et des films les mercredis matin, des spectacles (marionnettes, pop up...) tous les trimestres, des ateliers...

La médiathèque centre-ville, 10 rue des Gouverneurs. La bibliothèque Sainte-Croix, Place des Gascons. Tél. : 05 59 59 17 13, www.bibliotheque.bayonne.fr; ouvert du lundi au samedi.

Minithèque

Pendant l'année scolaire, un bus plein de livres sillonne la ville et s'arrête le mardi de 16h à 18h devant la Citadelle et le vendredi de 16h à 18h au Polo Beyris.

▶ ANGLET
Bibliothèque Quintaou ♥

En plus de la consultation des milliers de livres, il y a de nombreux rendez-vous très appréciés des enfants : les Histoires Doudou (comptines et jeux de doigts un samedi matin par mois pour les 0-3 ans), Lis moi une histoire (un mercredi après-midi par mois dès 4 ans), l'heure du conte (un samedi par mois, avec un conteur professionnel), les ateliers Livres d'artistes (un samedi par mois, dès 4 ans), Quand les livres s'amusent (pour découvrir la collection de livres pop-up, dès 3 ans), le Biblio-ciné (un mercredi par mois, dès 5 ans), Dis-moi pourquoi (une fois par mois, sur le thème du monde, de l'astronomie, de l'art...), les goûters littéraires, etc. Réservation conseillée.

12 rue Albert-le-Barillier, bibliotheque-municipale.anglet. fr; tél. 05 59 52 17 55. Ouvert du mardi au samedi de 10h à 18h (jusqu'à 20h le mardi). Fermé le jeudi après-midi.

Bon plan : Lire à la mer

En juillet et août, la bibliothèque d'Anglet s'installe sur la plage des Corsaires, tous les jours, de 14h à 18h30. Elle propose gratuitement 2000 livres, 60 titres de revues et des animations les mercredis et vendredis.

+ d'infos : www.anglet.fr

▶ BIARRITZ
Médiathèque ♥

Au 1er étage, la mezzanine accueille l'Espace jeunesse pour les enfants de 0 à 12 ans. Tout au long de l'année, il y a des séances de Bébés bouquineurs (pour les 0-3 ans, le samedi matin), des lectures à haute voix (le mercredi pour les plus de 3 ans), des animations en famille (histoires et dessins sur ordinateur, pour les 3-5 ans), des ateliers vidéo et images animées, des expositions originales, des spectacles dans l'auditorium... Programme mensuel sur le site.

2 rue Ambroise Paré, www.mediatheque-biarritz.fr, tél. : 05 59 22 28 86. Ouvert du mardi au samedi, de 10h à 18h, fermé le jeudi matin.

▶ HENDAYE
Médiathèque

Hors juillet et août, en plus des livres, la médiathèque propose des lectures de contes "Les Petits Lus" le mercredi, des contes en basque, des spectacles, etc.

4, rue du Jaïzquibel, mediatheque.hendaye.com, tél. : 05 59 48 00 77. Ouvert du mardi au samedi.

▶ SAINT-JEAN-DE-LUZ
Médiathèque

Au 1er étage, les 20 000 documents sont réservés à la jeunesse et le premier mercredi du mois, des contes sont lus à 10h30.

1 place Mar Foch, www.mediatheque-saintjeandeluz.fr; tél. : 05 59 26 28 99. Ouvert du mardi au samedi, fermé le jeudi matin.

▶ SAINT-PALAIS
Médiathèque Amikuze

Plusieurs animations à destination du jeune public : un coin ludothèque (des jeux à tester sur place ou à emporter), des ateliers d'initiation au cinéma d'animation, des spectacles pour la famille.

Place de l'Eglise, tél. : 05 59 65 28 72. Ouvert mercredi, vendredi et samedi.

Il y a aussi des bibliothèques à **Arbonne** (Le Bourg, tél. : 05 59 41 89 85), **Ascain** (rue San Ignacio, tél. : 05 59 54 68 36), **Ciboure** (23 bis avenue François Mitterrand, tél. : 05 59 47 12 93), **Bassus-sarry** (Allée Bielle Nave, tél. : 05 59 43 16 57), **Bidart** (Atherbea, RD810, tél. : 05 59 54 75 26), **Cambo-les-bains** (14 avenue Mairie, tél. : 05 59 93 50 70), **Hasparren** (11 rue Gaskoina, tél. : 05 59 29 10 47), **Saint-Pée-sur-Nivelle** (chemin Ibarbidea, tél. : 05 59 54 50 05), **Ustaritz** (Centre Lapurdi, tél. : 05 59 93 17 75), **etc.**

◀ GROTTES ▶

Pour les petits croc-magnons à partir de 7-8 ans, le Pays basque offre de belles grottes à découvrir, lors de visites guidées, de 45 min-1h. Envie d'en savoir plus sur la Préhistoire ? Galeries, gravures, peintures, concrétions, stalactites, stalagmites... entrez dans le passionnant monde souterrain où l'on a retrouvé des traces de vie humaine qui remontent à 80 000 ans avant JC ! Ps : prévoir un vêtement polaire et des chaussures fermées, dans les grottes, il fait frais et on peut glisser. Compter entre 3,90 et 4,50€ le tarif enfant et entre 8 et 10€ pour les adultes.

Quelles grottes visiter ?

Les Grottes d'Isturitz et d'Oxocelhaya à Saint-Martin-d'Arberoue, à 15 min d'Has-parren (Quartier Herebehere, tél. : 05 59 29 64 72, www.grottes-isturitz.com) et les grottes préhistoriques de Sare (route des Grottes-de-Sare, tél. : 05 59 54 21 88, www.grottesdesare.fr)

Dans le monde merveilleux des livres - © DR

Il pleut...

Escapade en Béarn-Pyrénées

Quelques musées sympas

▶ Au **Musée et Château de Pau**, pendant les vacances, les familles peuvent découvrir les collections grâce à des visites commentées, un jeu et un parcours spécial basé sur l'observation des œuvres. (2, rue du château, tél. : 05 59 82 38 02, www.musee-chateau-pau.fr)

▶ Le **Musée des Parachutistes à Pau** est gratuit et ouvert tous les jours. Dans un espace moderne, les plus de 5 ans découvrent l'univers des *paras* grâce à un jeu de piste avec le livret "chercheur d'aviation", à demander à l'accueil. (Avenue des Martyrs du Pont Long, tél. : 05 59 40 49 19)

▶ À **Aste Béon, la Falaise aux vautours** comprend des bornes interactives avec des jeux et des quiz, une caméra pour observer la vallée sur 360°, des salles consacrées au Percnoptère d'Egypte et au Gypaète Barbu, un écran géant pour voir, en direct et en continu, les nids des vautours, une visite virtuelle pour découvrir les images de la naissance aux premiers envols des poussins et des petits livrets jeux pour les visites en famille. (Aste-Béon, tél. : 05 59 82 65 49, www.falaise-aux-vautours.com)

▶ À **Uzos, la Féérie gourmande** invite à voyager au coeur des Arts Sucrés. Un jeu de piste permet d'explorer les dix espaces thématiques du musée : collection d'objets, secrets de fabrication de la confiture, sculptures en chocolat, dégustation... (Route de Nay, Rond point d'Uzos, D37, tél. : 05 59 35 05 56, www.feerie-gourmande.com)

Dans les grottes

▶ Les **grottes de Bétharram**, à Lestelle-Bétharram, à côté de Lourdes, comprennent cinq étages superposés comme ceux d'une maison, creusés à des époques différentes. Au cinquième étage souterrain, une rivière se dévoile et une partie de la visite se fait alors à bord d'un bateau. En fin de la visite, montez à bord d'un petit train à traction électrique. (Route de Lourdes, tél. : 05 62 41 80 04, www.grottes-de-betharram.com)

▶ À **Sainte-Engrâce, la salle de La Verna** est un site géologique exceptionnel et accessible à partir de 6 ans, au coeur du massif calcaire de La Pierre-Saint-Martin. Avec 250 mètres de diamètre, 190 mètres de haut et une superficie de 5 hectares, la Verna est la plus grande cavité d'Europe ! Il faut emprunter un tunnel de 660 mètres de long pour accéder à cette grande salle souterraine mise en lumière. Visite sur réservation. (tél. : 06 37 88 29 05, www.laverna.fr)

Les parcs de jeux couverts

Pour les 2 à 12 ans, voilà des espaces abrités où l'on trouve des trampolines, structures gonflables, toboggans, piscines à balles, espace pour les tout-petits...
Où jouer ? À Royal Kids à Lescar (Boulevard de l'Europe, tél. : 05 59 62 13 25, www.royalkids.fr)**,** Planète Canailles à Lescar (Quartier Libre, 180 boulevard de l'Europe, tél. : 05 59 40 20 20, uniquement pendant les vacances scolaires), Espace Galipattes à Billère (78 route de Bayonne, tél. : 06 32 66 59 05, ww.espacegalipattes.fr) **et Royaume Magic à Serres-Castet** (rue des eaux bonnes, tél. : 05 59 21 84 06, www.royaumemagic.com), **et, nouveau, à O'Jungle Parc à Orthez** (26 avenue du 8 mai 1945, tél. : 06 74 02 72 94).

Une partie de bowling ? Direction le New Bowling des Pyrénées à Pau (222 av. Jean Mermoz, www.bowling-pau.fr, tél. : 05 59 68 01 34) **et Freebowl à Lescar** (180 Bld de l'Europe, Quartier Libre, tél. : 05 59 77 66 66, www.freebowl.fr)

Moëlleux au chocolat par ciel d'orage by

Ingrédients

• 6 cuillères à soupe bien remplies de sucre en poudre
• 4 œufs
• 200 gr chocolat noir
• 150 gr beurre
• 3 cuillères à soupe de poudre d'amande
• pâte à sucre

• Dans une casserole, sur feu doux, fais fondre le beurre et le chocolat que tu auras découpé en carreaux.

• Pendant ce temps, dans un saladier, mélange le sucre et les œufs. Fouette bien.

• Une fois le beurre et le chocolat fondus, verse sur le mélange sucre et œufs. Fouette bien.

• Ajoute la poudre d'amande (si tu n'en as pas tu peux la remplacer par de la farine).

• Verse dans un moule rectangulaire beurré, et mets à cuire pendant 8 minutes dans un four à 210°c.

• Laisse refroidir puis démoule ton gâteau.

• Découpe le en petits rectangles.

• Etale la pâte à sucre. A l'aide d'un couteau et d'un gabarit que tu auras réalisé dans un papier épais, découpe autant de nuages que tu as de rectangles au chocolat.

• Pour obtenir ton ciel d'orage, dispose un nuage sur chaque petit gâteau !

Les recettes Sweety Papilles sont imaginées par Emeline qui propose des cours de pâtisserie pour enfants.
+ d'infos : www.facebook.com/sweetypapilles

Il pleut...

MILLY COLORE

Maquillages artistiques et festifs
pour petits et grands

06 95 43 64 34

● À partir de 5€ pour les particuliers
et 250 € pour les pros (sur devis)
● Bénéficiez de 5% de remise découverte
pour tout nouveau client !

Sacré Sucré

◆ candy bar
◆ bar à sirops
◆ barbe à papa
◆ événements

SANS COLORANT ARTIFICIEL
SANS AROME ARTIFICIEL

TéL : 06 32 39 08 40
f /sacresucreanglet
www.sacresucre.jimdo.com

avec des enfants ?

Un R
de fête

La recette
Sweety Papilles
p. 93

La fête !

85

Ici, on adore faire la fête !

La fête fait partie de la culture basque. Les fêtes de village sont toujours très animées, avec des chants, des repas, des parties de pelote, des danses basques, des démonstrations de force basque et de la bonne humeur... Toute l'actualité festive du Pays basque et du Béarn sur les sites :
www.bearnpyrenees-tourisme.com
www.paysbasque-tourisme.com

Les fêtes de Bayonne ♥

Dans la journée, il y a plein de choses à voir : animations musicales, mutxiko, démonstrations de saut en parachute, défilés de tambours, grande fête foraine, réveil du Roi Léon à midi, corso lumineux samedi soir et dimanche soir... Le jeudi, c'est la journée des enfants ! Tenue blanche et rouge de rigueur, rendez-vous dès 10h pour un chocolat populaire, le défilé des Géants de la cour du Roi et les animations devant le musée basque. À 10h30, place à la Tamborrada enfantine (petits joueurs de tambours de bois) et au défilé des Géants dans les rues, puis à l'"encierro txiki", une course à pied devant des taureaux en bois et en carton. À 12h, rejoignez vite la place de la mairie pour le réveil du Roi Léon et de sa cour. Puis vient l'heure du pique-nique géant à l'ombre des remparts et de l'après-midi de jeux à la Poterne !
Toutes les infos : www.fetes.bayonne.fr
ou tél. : 0820 42 64 64

Faire la fête en langue basque

L'Euskara est parlée par de plus en plus d'enfants et de nombreux événements festifs mettent à l'honneur la langue du Pays basque et proposent des animations jeune public : Hartzaro, festival autour du Carnaval à Ustaritz, Gauargi à Espelette et Dantzari Ttiki autour de la danse, Herri Urrats autour du lac de Saint-Pée-sur-Nivelle en faveur des ikastolas du Pays Basque nord, Errobiko Festibala à Itxassou, Xarnegu Eguna à Bidache et alentours, Bi Harriz Lau Xori et Mintzalasai à Biarritz...
Toutes les informations et le calendrier sur le site de l'Institut culturel basque : www.eke.org

Dans certaines fêtes, on peut assister à des démonstrations de force basque. C'est toujours très impressionnant de voir des hommes super costauds lever des pierres, des charettes ou des enclumes, tirer à la corde, courir avec des bidons de lait, etc. Il y a de nombreux rendez-vous l'été, à Saint-Palais, Bidart, Cambo-les-bains, Urrugne, Arcangues, etc.

EN EUSKARA

Bonjour : egun on
Merci : milesker
Au revoir : ikus arte
oui/non : bai/ez
Pays basque : Euskal Herria
Bonne fête : Zorionak
Le marché : merkatu
La montagne : mendia

Savez-vous que l'on peut faire des achats avec une monnaie locale ? L'Eusko !
www.euskalmoneta.org

Les fêtes à ne pas manquer !

HIVER

⟫→ Fêtes de la Bixintxo à Hendaye, en janvier : enfants déguisés en corsaires, attractions foraines, tamborradas, spectacles, sports traditionnels basques…
www.hendaye-tourisme.fr

⟫→ Journées de la petite enfance ♥ à Bayonne en février : une semaine d'ateliers, de jeux, de débats, de films et d'animations pour les moins de 5 ans et le Salon Mom'Expo pour tous les enfants.
www.journees-petite-enfance.bayonne.fr

⟫→ Carnavals dans tout le Pays basque, en février et mars : les enfants se déguisent et assistent au procès de San Pantzar. À Ustaritz, le festival Hartzaro dure 10 jours et regroupe plus de 500 artistes (www.eke. org). À Pau, le Carnaval Biarnes offre sept jours de fête, une grande mascarade, une chasse à l'ours, etc. (www.carnavalbiarnes.com)

⟫→ Fêtes d'Anglet, début mars : manège à la Barre, concerts, pelote basque, bandas et groupes folkloriques au rythme des tambours, rendez-vous gourmands…
www.anglet-tourisme.com

PRINTEMPS

⟫→ Pâques à Biarritz : danseurs et musiciens dans la rue, chasse aux oeufs dans les parcs, concerts… www.biarritz-evenement.fr

⟫→ Les Jours heureux à Anglet, à Pâques : festival jeune public avec animations, cirque, musique, jeux, marionnettes, pique-nique… www.anglet.fr

Le Carnaval Biarnes à Pau - © CDT64

La fête !

➤ Semaines des enfants ♥ à Hendaye, pendant les vacances de printemps : des animations, initiations, ateliers et spectacles gratuits tous les jours.
www.hendaye-semaine-des-enfants.com

➤ Herri Urrats à St-Pée-sur-Nivelle, en mai : animations autour du lac, en faveur des ikastolas du Pays basque nord, les écoles en langue basque. www.herriurrats.com

➤ Journées du chocolat à Bayonne, en mai : animations et dégustations de chocolat dans les rues, le week-end de l'Ascension. www.bayonne-tourisme.com

➤ Mai du Théâtre à Hendaye : quatre jours de théâtre de rue et de spectacles à voir en famille. www.hendaye.com

➤ Journée des enfants ♥, à Biarritz, en mai : un pique-nique et des dizaines d'activités gratuites autour du lac Marion.
tél. : 05 59 22 37 00

➤ FAR, festival art de la rue, à Biarritz, en mai-juin : un pique-nique au Phare et cinq jours de jongleries, animations théâtrales et drôles de spectacles, dans les rues. www.biarritz-evenement.fr

➤ Arrêt sur Rivage à Anglet, en juin : festival des arts de la rue sur les espaces verts de la plage des Cavaliers.
www.anglet-tourisme.com

➤ Les Océanes à Biarritz, en juin : animations sur le thème de l'océan, concerts, journée des jeunes, initiations sportives, etc.
www.biarritz-evenement.fr

➤ Fêtes de la St-Jean à Saint-Jean-de-Luz, en juin : course pédestre, encierro de toros, concours de force basque et pique-nique géant en tenues rouge et noir.
www.saint-jean-de-luz.com

➤ Fête du jeu ♥, à Bayonne et Biarritz, en mai : une après-midi de jeux de toutes sortes, organisée par les ludothèques.

➤ Hendaye fête l'été, en juillet : trois jours de cirque, musique et théâtre dans les rues. www.hendayefetelete.com

➤ Les Médiévales à Montaner (Béarn), en juillet : tournoi de chevalerie, jongleurs, cracheurs de feu, fauconniers, magiciens, musiciens, durant deux jours au château de Gaston Fébus.
www.chateau-montaner.info

➤ Marché médiéval à Bayonne, en juillet : Place aux troubadours, magiciens, soldats et gargouilles autour de la place Montaut. www.marchemedieval.org

➤ Fêtes de Bayonne, en juillet : animations musicales dans les rues, fête foraine, réveil du Roi Léon à midi, corso lumineux, journée des enfants le jeudi...
www.fetes.bayonne.fr

➤ Gauargi ♥ à Espelette, en juillet : festival international de folklore qui réunit des enfants danseurs du monde entier.
www.gauargi.com

⇒ Son, Lumière et Pyrotechnie à Anglet, en août : spectacle depuis la plage de la Marinella. www.anglet.fr

⇒ Plein feux sur Biarritz, en juillet et août : cinq créations pyrotechniques entre mi-juillet et mi-août, l'apogée est la Nuit féérique, le feu d'artifice le 15 août. www.biarritz-evenement.fr

⇒ Semana Grande à Saint Sébastien (Espagne), en août : concours international de feux d'artifice toute la semaine. www.sansebastianturismo.com

⇒ Le Temps d'aimer à Biarritz, en septembre : festival de danse, nombreux spectacles, scènes ouvertes, gigabarre face à la mer. www.letempsdaimer.com

⇒ Fête de la corniche, de Ciboure à Hendaye, en septembre : animations, pique-nique géant, prêt de vélo, le long de la corniche rendue piétonne pour la journée. www.cg64.fr

AUTOMNE

⇒ Lurrama, la ferme Pays basque, à Biarritz, en novembre : animaux, animations pour les enfants, ateliers cuisine, musique... www.lurrama.org

⇒ Semaines des enfants à Hendaye, pendant les vacances de Toussaint : animations, initiations, ateliers et spectacles gratuits tous les jours. www.hendaye-semaine-des-enfants.com

⇒ Txiki Festival ♥ à Biarritz, en octobre : festival de film pour enfants avec projections, animations débats, prix et boum. www.txikifestival.com

⇒ Biarritz en lumière ♥, fin décembre : illuminations de façades, projections d'images géantes, sons et lumières. www.biarritz-evenement.fr

Gabin et Lalie aux fêtes de Bayonne - © CV

La fête !

Pour un anniversaire réussi !

Les cadeaux made in Pays basque !

Nos créateurs préférés :

➤ Comme un poisson dans l'O
On aime les décos en feutrine et les cadres 3D réalisés par Caroline.
+ d'infos : www.alittlemarket.com

➤ Gosoa créa
Sophie crée de jolis bavoirs, cubes éveil, tabliers en tissus… personnalisés à la couleur et au prénom que vous souhaitez !
+ d'infos : page Facebook Gosoa Créa

➤ Qui est à bord ?
Choisissez parmi les autocollants ceux qui ressemblent à votre famille !
www.qui-est-a-bord.fr

➤ Isabelle Palé Photographe
On aime les séances photos de famille lifestyle, dirigées avec talent par Isabelle. Un magnifique souvenir à encadrer, à offrir, à partager. Offre spéciale avec le mot de passe "Le Nez en l'R" : séance photo, traitement des photos et un livre-photos souvenirs de 30 clichés à 140€.
+ d'infos : ip-photo.fr, tél. : 06 63 06 40 02

➤ Les petits Vintage
On aime cette collection rétro-poétique de Sandrine et Gwendoline qui mêle Liberty, popelines, cuir, fleurs, étoiles et cahier d'écolier...
+ d'infos : www.lespetitsvintage.com

➤ Little Bayonne
C'est la marque chic, rock et locale de Sophie qui fabrique, entre autres accessoires, de très chouettes bodies.
+ d'infos : littlebayonne.com

➤ Littlepivoine
On aime les prénoms et les décorations en fil de fer verni, imaginés par Sylvie.
+ d'infos : littlepivoine.alittlemarket.com

➤ Micocola
On aime les ballerines fleuries pour les petits pieds des bébés mais aussi les accessoires de déco en lin, coton, laine et tissus Liberty®, fait main, à Biarritz, par Sandra.
+ d'infos : www.micocola.com

➤ Pitrepocket
On aime ces tee-shirts en coton bio illustrés avec humour par Clémence et personnalisable, en français et en basque.
+ d'infos : www.pitrepocket.com

➤ Ttipitik
On aime les tee-shirts Pottok rodéo, Egarri Dantza et body ttipichic de cette marque éco-responsable en coton bio et euskara.
+ d'infos : www.ttipitik.com

Pour des cadeaux personnalisés et originaux, choisissez les créateurs locaux !

Body Little Bayonne

Les autocollants Qui-est-à-bord ?

Déco prénom Littlepivoine

Bavoirs personalisés Gosoa Créa

Livre-photos souvenirs Isabelle Palé Photographie

Body Pottok rodéo Ttipitik

Tee-shirt Pitrepocket

Poupée musicale Les petits Vintage

Ballerines Micocola

Cadre 3D Comme un poisson dans l'O

LES PETITES BOUTIQUES

Certaines boutiques sont géniales pour trouver des petits cadeaux originaux, accessoires, jeux en bois ou rétro. On aime "Le zèbre à paillettes" et "Arsène et les pipelettes" à Saint-Jean-de-Luz, "La petite biarrote" et "Assiettes et compagnie" à Biarritz, "Bateau sur l'eau" à Bayonne, "Martxuka" à Urrugne...

La fête !

Les formules anniversaire

Au Pays basque, plusieurs structures proposent des formules "anniversaire" pour les enfants. Ateliers créatifs, parcs de loisirs, cinéma, bowling, pêche… vous avez le choix et c'est souvent gratuit pour celui qui souffle ses bougies ! Compter entre 9 et 16€ par invité.

➤➤→ Pour un atelier chocolaté, une visite de musée et un bon goûter : Planète musée du chocolat à Biarritz (tél. : 05 59 23 27 72) et Ikas-chocolat Puyodebat à Cambo-les-bains (tél. : 05 59 59 48 42).

➤➤→ Pour une séance de ciné et un goûter : cinéma Méga CGR de Bayonne (tél. : 05 59 59 90 90) et Cinéma Le Select à Saint-Jean-de-Luz (tél. : 05 59 85 80 81).

➤➤→ Pour des jeux à l'intérieur, des toboggans et des structures gonflables : Ttikiland à Arbérats (tél. : 05 59 09 45 29), Luzi-parc à Saint-Jean-de-Luz (tél. : 05 59 23 19 74), Planete'n'kids à Tarnos (tél. : 05 59 64 52 77).

➤➤→ Pour un goûter *cirqu'anniversaire* haut en couleur : école de cirque Oreka à Bayonne (tél. : 05 59 59 53 92) et Ballabulle à Biarritz (tél. : 05 59 52 19 62).

➤➤→ Pour un anniv' en plein air à grimper, sauter et s'amuser : Bidaparc à Bidart (tél. : 05 59 22 15 66), Wow-Park à Urrugne (tél. : 07 81 92 99 80), Ttiki Leku à Souraïde (tél. : 05 59 59 27 49)

➤➤→ Pour une partie de bowling suivi d'un goûter : Bowlingstar à Anglet (tél. : 05 59 31 21 11) ou Bowlingstar à Bayonne (05 59 03 24 60).

La fête à la maison

Envie de faire la fête à la maison ? Faites venir un stand de bonbons, une maquilleuse, des animateurs, des artistes !
Voilà nos bonnes idées :

➤➤→ Pour des invités superbement maquillés, faites appel au talent de Milly Colore (tél. : 06 95 43 64 34).

➤➤→ Pour de délicieux bonbons colorés, sans arômes ni colorants artificiels, contactez Sacré sucré (tél. : 06 32 39 08 40). Barbara se déplace avec son candy bar, son bar à sirops, sa machine à barbe à papa et ses crayons de maquillage pour les anniversaires, les mariages, etc. Vous pouvez aussi rencontrer Barbara au marché Quintaou ou lors d'événements jeune public.

➤➤→ Pour des ateliers créatifs, contactez l'association itinérante L'atelier des Petits Art'istes (tél. : 06 09 49 02 59). Julie propose des ateliers de fabrication avec des objets de récupération à son domicile à Bayonne, chez vous pour un anniversaire ou lors d'événements (mariage, festivals…).

➤➤→ De son côté, Elodie, céramiste, se déplace à domicile, pour des séances de poterie ! (tél. : 06 45 65 58 80).

Cupcakes de fête   by

Ingrédients

- 180 g de beurre mou
- 200 g de sucre
- 4 œufs
- 200 g de farine + 1 sachet de levure chimique
- 1 boîte de mascarpone + 100 gr de sucre glace
- des petits décors en sucre et des colorants rouge et vert

• Dans un saladier, à l'aide d'une cuillère en bois, travaille le beurre mou en pommade (tu tournes, tu tournes jusqu'à obtenir la consistance d'une pommade).

• Ajoute le sucre, mélange bien. Ajoute les œufs, 1 par 1, tu mélanges à chaque fois que tu ajoutes 1 œuf.

• Il ne te reste plus qu'à rajouter la farine et la levure (mélange la levure à la farine avant),

• Remue bien le tout.

• Remplis à moitié, des petites caissettes en papier ou des moules en silicone.

• Enfourne pendant 20 minutes à four chaud 180°c.

• Pendant ce temps, avec un fouet, bats le mascarpone avec le sucre glace. Colore ce glaçage avec du sirop à la fraise ou des colorants alimentaires. • Lorsque tes cupcakes auront refroidis, décore les avec ce glaçage et les petits décors multicolores !

Les recettes Sweety Papilles sont imaginées par Emeline qui propose des cours de pâtisserie pour enfants.
+ d'infos : www.facebook.com/sweetypapilles

La fête !

93

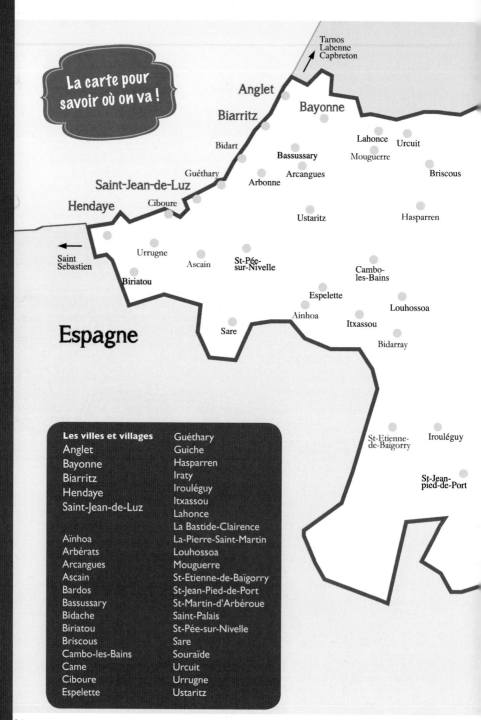

La carte pour savoir où on va !

Tarnos
Labenne
Capbreton

Anglet

Bayonne

Biarritz

Bidart

Lahonce   Urcuit

Bassussary   Mouguerre

Guéthary   Arcangues   Briscous

Saint-Jean-de-Luz   Arbonne

Hendaye   Ciboure   Ustaritz   Hasparren

Saint
Sebastien   Urrugne

Ascain   St-Pée-
sur-Nivelle   Cambo-
les-Bains

Biriatou   Espelette   Louhossoa

Ainhoa   Itxassou

Espagne   Sare   Bidarray

St-Etienne-
de-Baïgorry   Irouléguy

St-Jean-
pied-de-Port

Les villes et villages

Anglet	Guéthary
Bayonne	Guiche
Biarritz	Hasparren
Hendaye	Iraty
Saint-Jean-de-Luz	Irouléguy
	Itxassou
	Lahonce
	La Bastide-Clairence
Aïnhoa	La-Pierre-Saint-Martin
Arbérats	Louhossoa
Arcangues	Mouguerre
Ascain	St-Etienne-de-Baïgorry
Bardos	St-Jean-Pied-de-Port
Bassussary	St-Martin-d'Arbéroue
Bidache	Saint-Palais
Biriatou	St-Pée-sur-Nivelle
Briscous	Sare
Cambo-les-Bains	Souraïde
Came	Urcuit
Ciboure	Urrugne
Espelette	Ustaritz

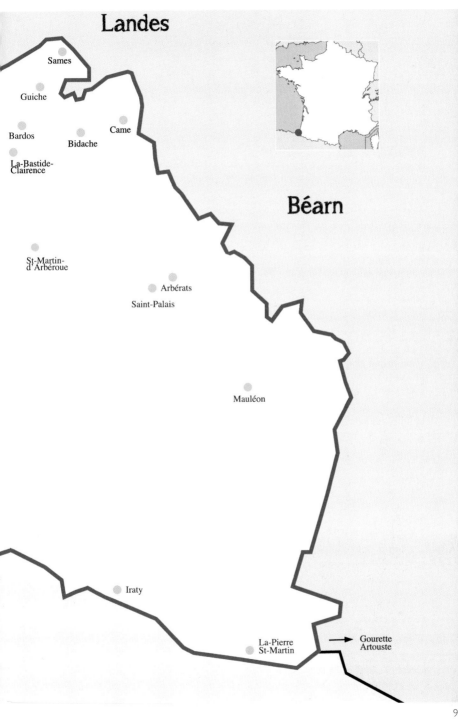

Landes

Sames

Guiche

Bardos

Came

Bidache

La-Bastide-
Clairence

Béarn

St-Martin-
d'Arbéroue

Arbérats

Saint-Palais

Mauléon

Iraty

La-Pierre
St-Martin

Gourette
Artouste

95

L'index pour s'y retrouver !

97

La fête !